高等学校精品课程系列教材
新技术与教师教育丛书

主　编　王兴辉　陈向东
副主编　蒋红星　岑　磊

广西创新人才培养现代教育技术教学团队、教育部人文社会科学重点研究基地重大项目“教育信息化与基础教育教学方式转变研究”（编号：11JJ0880004）、教育部人文社会科学研究一般项目“增强现实电子书的开发与应用”（编号：12YJA880012）、上海市教育科学研究重点项目“基于新媒体的社会性阅读研究”（编号：1308）阶段性研究成果

移动终端教育应用

YIDONG ZHONGDUAN JIAOYU YINGYONG

王兴辉　陈向东　著

GUANGXI NORMAL UNIVERSITY PRESS
广西师范大学出版社
·桂林·

图书在版编目（CIP）数据

移动终端教育应用 / 王兴辉，陈向东著. —桂林：广西师范大学出版社，2013.12
（新技术与教师教育丛书）
ISBN 978-7-5495-4489-9

Ⅰ. ①移… Ⅱ. ①王…②陈… Ⅲ. ①移动终端—教学软件—研究 Ⅳ. ①G434

中国版本图书馆 CIP 数据核字（2013）第 243362 号

广西师范大学出版社出版发行
（广西桂林市中华路 22 号 邮政编码：541001
网址：http://www.bbtpress.com）
出版人：何林夏
全国新华书店经销
广西民族语文印刷厂印刷
（广西南宁市望州路 251 号 邮政编码：530001）
开本：889 mm × 1 240 mm 1/32
印张：6.25 字数：180 千字
2013 年 12 月第 1 版 2013 年 12 月第 1 次印刷
定价：20. 00 元

前　言

以互联网为主要特征的信息技术正改变着我们的生活和工作方式,也给我们的课堂教学和学习模式带来改革机遇,同时也带来了挑战。互联网从有线互联时代发展到无线互联时代,现正步入移动互联时代。这一变化体现在,上网设备从台式计算机到手提电脑,发展到现在的平板电脑、智能手机等移动式网络终端;学习方式从单机学习到网络课程学习,发展到今天的移动式碎片化学习;教学形式从单机版的课件到网络课程,发展到现在的网络公开课和微型课,实现移动式教学;教学设备从投影仪、展示台到交互式电子白板,发展到现在的移动式教学终端。可见,移动互联、移动学习和移动教学已经成为当今信息技术教育应用发展的主流。

《国家中长期教育改革和发展规划纲要(2010—2020年)》明确指出:“信息技术对教育发展具有革命性的影响,必须予以高度重视。”的确,这种革命性的影响是前所未有的,是不可逆转的潮流。不管是高等教育工作者还是中等教育、基础教育工作者都必须考虑这些问题:如何适应信息技术发展给教育带来的现实变化?如何从实际出发,通过恰当的信息技术手段,整合教学资源,做一个信息技术的积极应用者、教学模式的创新者?如何成为学生移动学习、数字化学习、个性化学习的引领者和促进者?一系列问题值得我们去思考。

教育部制定的《教育信息化十年发展规划(2011—2020年)》指出:"教育信息化充分发挥现代信息技术优势,注重信息技术与教育的全面深度融合",规划了未来十年我国教育信息化的具体目标,并提出了五个行动计划,以期提升学校和教师的信息化能力和水平。

本丛书正是在这样的背景下,广西教育学院现代教育技术教学团队作为广西创新人才培养现代教育技术教学团队,试图紧跟信息技术的发展步伐和站在教育应用前沿,从教育信息化的视角,及时地向读者介绍如何将这些新技术、新媒体、新手段应用到日常的教学和学习中,探讨如何更好地实现信息技术与教和学的深度融合。"新技术与教师教育丛书"首次推出《移动终端教育应用》和《新型学习空间》两本书。

本书共有五章,内容是移动终端学习和移动教学系统的介绍及案例分析,从云计算应用、在线学习、教学管理和终端控制4个方面选取了11个应用平台或系统软件进行了介绍。每个系统都按软件介绍、使用方法、经典案例和案例设计这一结构展开,力求图文并茂、深入浅出。本书是集体智慧的结晶,全书由王兴辉博士、陈向东博士设计、修改和完善,陆伶俐(2.1、2.2)、孙静岚(2.3、3.1及3.4)、曹杨璐(3.2、5.1)、乔辰(3.3)、王慧强(4.1)、刘权纬(4.2)、王伟(5.2)等分别撰写了相应部分的初稿。由于书中内容较新,是边学习边总结的成果,一定还有不足之处,欢迎读者批评指正。

王兴辉　陈向东

2013年9月

目录 CONTENTS

第1章

移动终端与教育应用

随着无线互联网技术的发展和移动智能终端使用的普及，移动互联网时代已经到来，移动学习应运而生，以智能手机为代表的智能终端在教育领域具有广阔的应用前景，对教学模式和学习模式产生了重大影响，必将带来教育的重大变革，也必将迎来移动学习的新时代。

1.1 移动互联网时代

截至2012年12月底，我国手机网民规模为4.20亿人，较2011年底增加约6 440万人，网民中使用手机上网的用户占比由2011年底的69.3%提升至74.5%。70.6%的网民通过台式电脑上网，相比2011年年底下降了近3个百分点。通过笔记本电脑上网的网民比例与2011年底相比略有降低，为45.9%。手机上网的比例保持较快增速，手机已经超过台式电脑成为网民上网的第一终端。2012年被看做是移动互联网“爆发式增长”的一年。2013年5月7日至8日，2013全球移动互联网大会在北京举行，会议主题是“重新定义移动互联”。至此，北京已经举办了五届全球移动互联网大会，可见移动互联网在中国发展之迅猛。一些行业人士将2013年看做是移动互联网的元年，移动互联时代已经到来。

1.1.1 移动互联网的概念及特征

1.移动互联网的概念

移动互联网是互联网与移动通信各自独立发展后互相融合的结果——互联网产品越来越移动化,移动通信产品越来越互联网化。移动互联网,从技术层面看,是以宽带 IP 为技术核心,可以同时提供语音、数据和多媒体业务的开放式基础电信网络;从终端角度看,移动互联网是用户使用手机、上网本、笔记本电脑、平板电脑、智能手机等移动终端设备,通过移动网络来获取移动通信网络服务和互联网服务的。

2.移动互联网的特征

虽然移动互联网与桌面互联网共享着互联网的核心理念和价值观,但移动互联网具有移动性、实时性、隐私性、便携性、准确性、可定位性等显著特征。与桌面互联网相比,移动互联网最大的特点和优势是终端移动性,这是移动互联网诸多特征的基础和前提。正因为移动互联网具有移动性,才使得我们使用互联网的空间得到扩展,使我们随时随地利用网络资源进行学习成为可能,为学习、工作和生活等方面带来极大的便利。

1.1.2 移动互联网终端设备[①]

1.笔记本电脑

笔记本电脑,又称笔记型、手提或膝上电脑,是一种小型、可以携带的个人电脑。目前,所有的笔记本电脑都有无线网卡。在平板电脑出现以前,笔记本电脑是主要的移动上网设备。2012 年我国通过笔记本电脑上网的网民比例与 2011 年底相比略有降低,为

---

① http://product.pconline.com.cn/itbk/bjbzj/ipad3/1304/3265414.html.

45.9%，手机上网网民上升至 74.5%。可见，笔记本电脑已经降为第二位的移动上网设备。

2.上网本

这种电脑是一种低价、体积小、便携和功能精简的小型笔记本电脑，俗称上网本（Netbook）。用户通过安装的软件或云计算，实现互联网访问或其他功能。但是，与真正的笔记本电脑相比，上网本存在速度慢、屏幕分辨率低、键盘太小且反应能力差以及使用寿命不长等不足且没有光驱。因此，在平板电脑上市后，上网本销售量快速下滑。2012 年 9 月，华硕宣布停止生产 Eee PC，全面退出上网本市场，改以平板电脑代替。2013 年 1 月 1 日开始，华硕与宏基皆停止上网本生产，最后两家生产上网本的公司也退出市场。

3.平板电脑

平板电脑是一种小型、方便携带的个人电脑，以触摸屏作为基本的输入设备。触摸屏允许用户通过手指、触控笔或数字笔进行交互，使用者可以通过内建的手写识别、屏幕上的软键盘、语音识别或者一个真正的键盘（例如微软的 Surface 配备外接键盘）与外界进行交互。平板电脑的概念由比尔·盖茨提出。从微软提出的平板电脑概念产品上看，平板电脑就是一款无需翻盖、没有键盘、小到足以放入女士手袋，但却功能完整的 PC。平板电脑主要以 Android、iOS、Windows 三大操作系统为主。目前，较为流行的平板电脑有苹果公司的 iPad 系列、三星的 Galaxy 系列、微软的 Surface 系列和我国的 E 人 E 本系列、联想平板系列等。越来越多的人开始选择平板电脑作为主要的移动计算设备。随着新应用、新服务的不断涌现，我们能够随时随地享受各种有趣的服务，为我们的生活、工作和学习提供极大的方便，带来更多的乐趣。

4.智能手机

智能手机(Smartphone),又称智慧型手机、智能型电话,是对那些运算能力和功能比传统手机更强的手机的集合性称谓。智能手机使用的主流操作系统有安卓系统(Android)、苹果系统(iOS)、黑莓系统(BlackBerry OS)、微软移动电话(Windows Mobile)、微软电话(Windows Phone)、"大海"系统(bada OS)和塞班系统(Symbian OS),但它们之间的应用软件互不兼容。智能手机不仅能够显示电脑版网页,还能显示手机版网页;智能手机具有独立的操作系统以及良好的用户界面,具有很强的应用扩展性、能随意地安装和删除应用程序;智能手机拥有超大高清触摸屏,能随时调用键盘来进行触摸手写,能进行多任务操作,并且拥有强大的多媒体、邮件、上网功能,能完全替代像 MP3、MP4 和 PDA 一样的传统便携式设备;智能手机能替代个人电脑处理办公事务和其他事务,能与网络时刻保持无缝连接,随时切入网络,并且能与电脑、笔记本电脑等其他设备数据同步。[①] 目前,智能手机具有很高的普及率,尤其是在学生群体。根据我国互联网中心的最新调查,有 74.5%的网民是通过手机上网的。正因为智能手机强大的多媒体和网络功能以及越来越高的普及率,智能手机移动终端正在成为影响移动教育和移动学习的主要力量。

此外,移动互联设备还有 MID(Mobile Internet Devices),它是在 2008 年 IDF 大会上英特尔推出的一种新概念迷你笔记本电脑——UMPC,即超便携个人电脑或超移动个人电脑(Ultra-Mobile Personal Computer)。这一概念由英特尔提出,是一款安装了特殊 Windows 操作系统的平板电脑(Tablet PC),但体积要比平板电脑小得多。

随着时代的发展,特别是手机和平板电脑的普及以及技术的提升,现在 MID 和 UMPC 的很多功能与手机、平板电脑相重叠,各

---

① 维基百科——http://zh.wikipedia.org/.

种移动互联设备之间的定义也在逐渐模糊，相信在不久的将来，平板电脑、手机、MID、UMPC 等设备的功能会变得越来越相似，甚至逐渐合一。

1.2 移动学习

随着移动互联时代的到来，移动学习已经成为现实。芬兰“TelenorWAP 移动学习”研究项目的报告中给出的移动学习定义：由于人们地理空间流动性和弹性学习需求的增加而使用移动终端设备进行学习的一种新型学习方式。

1.2.1 移动学习的特点①

移动学习和传统环境下的学习形式相比，具有数字化特点；与网络化学习形式相比，具有移动性特点。

(1)学习形式的移动性。学习者不受时间或地点的限制，可以随时随地学习。移动性具体体现在学习设备的可移动性和学习资源不受时空限制地利用和传递，以及教师和学生之间教与学时空的可分离性。

(2)学习方式的数字化、网络化和个性化。移动学习具有数字化的学习环境、数字化的学习资源和数字化的学习形式；移动学习模式主要以无线网络为基础，通过移动终端设备接入来实现教学，因此移动学习是一种互动式的网络化学习。学习者可根据自己的学习需求，控制学习的进度，安排学习的时间和地点，自由选择学习的内容，体现了移动学习的个性化。

(3)学习效率的高效性。在移动学习的学习过程中，及时提出

① http://eqilai.com/blog-15900-21149.html.

问题可以得到及时的反馈，并可以以多媒体形式展现学习资源，同时还可以及时与网络中的同伴进行问题探讨和交流，从而提高学习者的学习效率。

(4)学习情境的相关性。移动学习以其特有的移动性、便携性、连通性和随身性的特点，能够获取特定地点、环境和时间真实或虚拟的相应数据，从而可以方便、快捷地创设个性化和多样化的移动学习情境。

因为移动互联网的上述特点，使得个人学习终身化、社会学习全民化成为可能，为构建学习型社会提供了技术途径和环境。随着移动通信技术的发展，移动终端设备的性能越来越高，可以随时随地利用移动互联设备进行学习和交流。同时，学习资源的设计和开发更加个性化，且能方便、快速地获取与更新它们。这些特点使得师生之间、生生之间可以通过移动互联设备开展探讨式的教和学，把教和学延伸到传统教育课堂之外，极大地扩展了学习的空间。

1.2.2 移动学习的应用模式

移动学习应用模式主要分为以下几类：

1.基于短信的移动学习模式

通过手机短信或彩信功能发送和管理学习内容，可以实现师生、学生之间或小组之间的互动学习和交流。内容可以是文本、图片、音频和动画。由于文本占用空间小，传输方便、快捷，因此这种学习模式一般以文本为主。当然，可以利用短信的附件功能实现各种类型文件信息的传输，但单条信息容量不宜过大。

2.基于无线网络的移动学习模式

移动终端如智能手机、平板电脑都具有无线上网的功能，这为我们提供了不受时空限制,学习资源十分丰富的移动学习模式。无线网络移动学习模式为师生提供了广阔的学习空间和交流平台,如果结合各种网络终端如台式电脑、手提电脑、平板电脑、智能手机等并灵活运用,就可以使网络化学习更加便捷,资源也更加丰富。如果从学习资源平台和媒体特点角度来划分,我们可以将无线移动学习模式细化为:基于 WAP 网站的移动学习模式,基于移动博客和微博的移动学习模式,基于流媒体的移动学习模式,基于播客的移动学习模式,基于虚拟现实的移动学习模式,基于专家系统的移动学习模式等。①

3.基于移动终端的学习模式

目前,主流的移动终端设备都具有文本阅读功能以及音频、视频和动画播放功能,移动终端既是一个移动存储设备,又是音频、视频播放器,甚至具有交互功能。可见,即使移动终端不具备上网条件,也可以通过上网设备把学习资源下载并转存到移动设备中,实现移动学习。例如,通过英语音频可以方便地练习听力;通过视频课程或微课程可以随时学习专业知识;通过文本阅读功能可以实现利用闲暇时间看书的目的。

1.3 移动学习平台

要实现上述移动学习模式,还需要学习平台的支撑。例如,通过手机短信进行移动学习的模式,一般采用腾讯 QQ 即时通讯平台;利用手机播放音频文件或者视频文件来进行学习则要通过播客或播放器;利用微博平台实现学习交流和讨论,等等。除了这些常见的移动学习平台或软件外,近几年又出现了很多针对移动终

① http://eqilai.com/blog-15900-21149.html.

端设备而开发的移动学习平台，方便在教育中进行应用。本书选择了四种典型且实用的移动学习平台，通过功能分析和案例阐述了它们在教育中的应用。

1.3.1 云计算应用移动学习平台

在云计算应用部分，我们将介绍 Evernote 云笔记、华为网盘和思维导图工具 Mindjet。

1.云笔记

Evernote 是美国推出的一款以信息获取和信息组织为定位的跨平台的云笔记，可在 Windows、iOS、Android 等多个平台上使用，是优秀的知识管理工具，可以通过知识管理来实现提高个人或者团队工作效率的目的。除 Evernote 外，还有几款云笔记，分别为“印象笔记”，网易旗下有道搜索推出的“有道云笔记”，盛大出品的“麦库记事”，“CyberArticle”升级的 Wiz 为知笔记和行客诺开发的“轻笔记”等。

“云笔记”最大的特点：一是保持内容同步，可以利用任何终端对存在“云端”的内容和文件进行修改；二是可以对知识进行全面的归类整理和检索；三是能随时随地记录文字和多媒体信息；四是可以实现团队资源的共享和交流。

2.网盘

网盘，是云计算在数据存储领域的应用。网盘，又称网络磁盘、网络空间、网络 U 盘、网络优盘，等等，是一些网络公司推出的在线存储服务，向用户提供文件的存储、访问、备份、共享等文件管理功能。国外的云存储网盘主要有 Dropbox、Rapidshare、Megaupload 等，国内的网盘主要有 115 网盘、华为网盘、金山快盘、百度云盘等。

网盘在个人的知识管理、文件同步等方面特点突出、优势明显:一是同一账号下的云存储网盘内容保持同步;二是本地化管理,华为网盘通过“我的网盘”和本地的“同步文件”实现内容同步;三是资源丰富,资源分享便捷;四是还原历史版本,华为网盘可以恢复当前文档之前的三个版本。

3.思维导图

Mindjet 是著名的思维导图工具,目前已开发了基于 Android 和 iOS 平台的 Mindjet 思维导图应用功能,可以借助手机平台上的 Mindjet 掌上思维导图软件,随时随地制作思维导图,更快更好地捕捉思维。

1.3.2 在线移动学习平台

本部分内容包括网络公开课和互联网文章管理软件 Pocket。

1.网络公开课

继以文字资源为主体的网络课程之后,近几年出现了以视频课程为主的网络公开课,共享教学视频以及教学资源已经成为一股热潮。比较流行的有网易公开课、MOOC 课堂、可汗学院等,网络公开课席卷全球。

网易公开课和可汗学院网络公开课开发的网页版和移动客户端(Android 和 iOS)系统,使得用户可以使用移动终端进行在线学习。

2.互联网文章管理软件 Pocket

这种软件可以实现对互联网的内容进行订制和有效管理,尤其是对于自己感兴趣但一时又没有时间阅读或学习的内容,可以先保存到 Pocket 中,保存之后这些内容就会同步到自己的手机、平板电脑和台式电脑上,在任何时候都可以脱机阅览,可以实现在旅途中阅读一篇文章,在排队等候的时候浏览一个网页,或者在家休息的时候观看一个视频。

1.3.3 课堂管理移动学习平台

本部分介绍 TeamViewer 和 Splashtop 两种可用于课堂管理的软件。这两种软件可以安装在手机、台式电脑、平板电脑等设备上,实现对其他设备的远程安装软件、演示教学和分享信息等教学活动。

1. TeamViewer

TeamViewer 是一种简单易用的远程系统管理软件,主要用于团队协助和共享桌面,功能强大,无需配置即可穿越各类防火墙、NAT 路由器和代理服务器,不被杀毒软件所干扰,快速高效。TeamViewer 可以通过 Web 连接,实现远程控制,开展在线会议、团队协作,访问无人值守计算机,演示、培训以及文件传输、聊天等功能,教师可以将这些功能应用于远程教学中。

2. Splashtop

Splashtop 是一种跨平台的远程桌面控制软件,应用领域十分广泛。它可以通过 Splashtop Whiteboard 功能,实现移动式互动白板的功能。传统互动白板无法实现两人或多人同时书写,无法实现思维的即时展现,这在一定程度上阻碍了师生、生生之间的交流和互动,也影响了课堂教学的效率。

Splashtop 提供的移动互动白板可以将学生手中的平板电脑与

教师电脑通过 Splashtop Whiteboard 连接在一起，每一位学生都可以通过平板电脑参与课堂讨论与练习，还可以在平板电脑上对教师的教学内容做注释和笔记。教师通过 Splashtop Whiteboard 功能将教学内容展示在白板上，极大地增强了师生、生生之间的互动性，解决了传统电子白板只能使用一支电子笔的问题，使得每一位学生都能参与课堂讨论与练习，实现了课堂教学的远程性、移动性和互动性。

1.3.4 终端控制移动学习平台

本部分介绍两种对手机和平板电脑等终端进行控制的软件。Kytephone 可以实现家长对孩子手机使用功能的有效控制，提高孩子使用手机的安全性；安豆苗可以实现手机和电脑之间、手机和手机之间的无线连接，实现资源共享、文件传输、短信发送等功能，同时可以对学习内容进行有效管理。

1.Kytephone

有些家长为方便联系，给孩子配备手机，但是由于智能手机的娱乐性和上网功能，又苦于对孩子使用手机的管理。Kytephone 这一免费软件可以实现对手机的控制和有效管理。Kytephone 应用主要有三个功能：位置追踪，可以知道孩子在哪里，也有离开某处的提醒功能，如离开学校时的提醒等；通讯控制，可以设定允许孩子拨打和接听哪些电话；应用控制，设定允许孩子玩哪些应用程序，可以具体列出孩子可以浏览的网页以及设定孩子玩游戏的时间等；可以设定孩子在学习时手机的禁用功能。可见，这一软件可以成为家长监控孩子的好帮手，有了它家长就可以放心地让孩子使用智能手机了。

2.安豆苗

它能支持手机与手机之间、手机与手机群之间进行资源共享。利用闪传可以在同学之间进行资源共享，无需任何外部条件，只需要两部或两部以上安装了闪传的手机，摇一摇手机，或者滑动手机，甚至对着手机喊一声“安豆苗”，就可以实现一对一、一对多的资料互传。此外，安豆苗能对手机里的信息进行有效的管理，包括联系人、短信、日程、书签、文件、电子书、应用游戏、照片，音乐、视频等。利用这些功能，教师可以实现移动教学和教学资源的高效管理和传递，学生可以管理和分享学习资源。

第 2 章 云计算教育应用

在日常生活、工作和学习中,我们经常通过硬盘或优盘来存储资料,有时会很不方便,因为我们需要将资料从一个地方拷贝到另一个地方,但忘带优盘、没存在优盘上或优盘中毒等情况时有发生。云计算时代的到来,很好地解决了这个问题。只要将资料存储在云端,我们就可以在不同的移动设备、不同的电脑上查找或下载所需资料。

目前的云计算产品有很多,很好地满足了广大用户的需求。这里选取 Evernote、华为网盘和 Mindjet 软件,介绍它们的功能、使用方法和经典案例,进行教育案例设计,探讨如何将它们更好地应用于教育。

2.1 Evernote

2.1.1 Evernote 简介

Evernote(印象笔记)是一款以信息获取和信息组织为定位的跨平台云笔记,在 Windows、iOS、Android 等多个平台上均可使用,是优秀的知识管理工具,旨在通过良好的知识管理来提高个人或者团队的工作效率。它可以记录不同领域用户的各类信息,如会议记录、学习笔记、生活备忘、所思所感等，然后将文字、图片、声音、网页等信息记录在该平台上，并进行归类整理，期望“成为人们虚拟的记忆大脑，储存各种碎片化信息”。

Evernote 作为一款流行的云笔记，使我们的知识管理更加系统化，查找更加便捷化。它具有如下特点：

1.保持同步

只要用户使用同一账号登录，无论是 PC 还是移动设备，都能实现文件的同步。这种同步使得文件可以多地存储与使用，为我们的知识管理提供了便利。

2.全面的知识归类整理

随着个人知识的日益增多，如何有效管理知识对于用户来说是个难题。而 Evernote 提供了知识的分类功能，用户可以根据知识属性的不同，将知识存储至不同的笔记本中。同时，Evernote 提供了标签属性，用户可以为所存储的知识设定标签，方便归类查找。

3.笔记搜索便捷

Evernote 提供了强大的搜索功能。只要在搜索框中输入搜索条件，即可快速找到文件。搜索的条件可以是标签、标题、日期、资源等。

4.剪辑有价值的网页

对于想要的内容，我们一般是复制、粘贴或者保存网页。复制、粘贴比较繁琐，而保存网页可能会有很多无用的信息存在。使用 Evernote 的网页剪辑功能，则可以有选择地将网页中的内容一键存储至 Evernote 软件中。

5.实现随时随地记录

移动设备的普及为随时随地记录提供了可能。现今移动设备基本都具有拍照、录音、收发邮件等功能，用户可以使用移动设备拍下当前的重要资料，或是进行录音，记录当时的学习、工作情况，然后随时同步到云端，进行个人知识的管理。

6.资源共享交流

Evernote 提供了共享功能，可通过邮件发送所要共享的笔记，还可针对某一相关话题，展开交流，也可邀请用户参与笔记的讨论，使笔记本成为共享笔记本。

2.1.2 Evernote 的使用方法

Evernote 支持多种操作系统，可在多个终端上使用，分别有 Windows、Android、iPhone、iPad 版本，支持随时记录、随时同步。

这里主要是以 Evernote 在 PC 端、手机客户端的使用为线索，介绍 Evernote 的软件界面及具体功能；设计经典案例，帮助读者更好地了解 Evernote 的使用价值，并能很好地使用该软件来进行个人知识的管理与分享。

1.设备与环境要求

用户需具备 PC、智能手机、iPad 等移动设备（具备一种即可），且需在网络环境下使用。若无网络环境，则文件不能进行同步。

2.注册与登录

用户根据自己的移动设备下载适合的 Evernote 软件（http://www.yinxiang.com/），安装完成后，出现如图 2.1 所示的界面，用户填入电子邮件、用户名及密码进行注册。注册完成后即可进入登录页面，如图 2.2 所示。

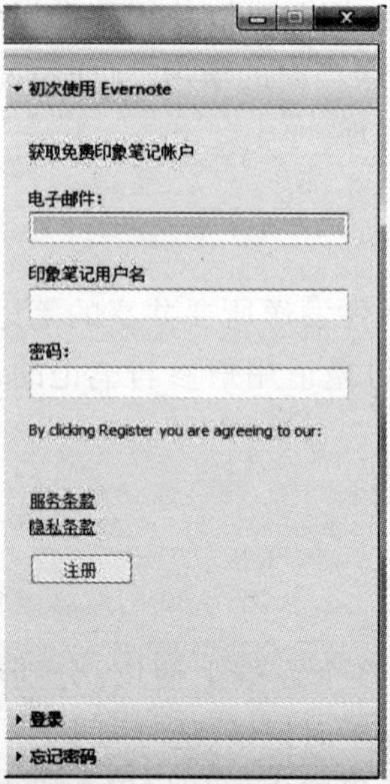

图 2.1 注册

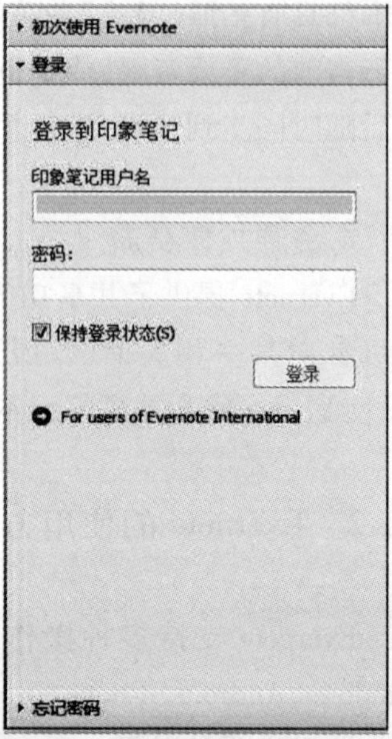

图 2.2 登录

3. Evernote 的操作界面

Evernote 的操作界面主要分为三大模块:笔记分类、笔记列表和笔记内容,如图 2.3 所示。笔记分类主要是用户对自己记录的信息按照一定的标准分类,用户可按不同的类目名称快捷地查找所需的笔记。笔记列表是用户笔记简单信息的呈现,使用户可以对笔记内容有一个初步的了解。笔记内容是笔记详细内容的呈现。

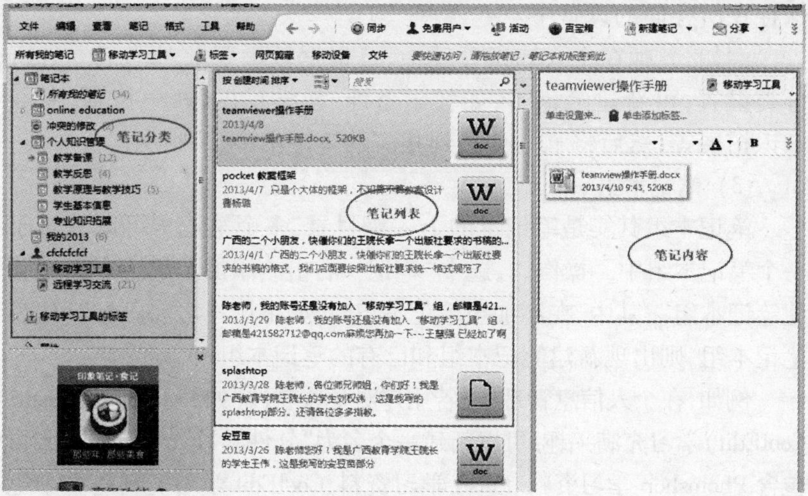

图 2.3　Evernote 的操作界面

4. Evernote **具体功能操作模块**

Evernote 的操作界面上设置了许多便捷的功能。

(1) **笔记**

笔记是 Evernote 的基本内容单元,可以是纯文本、图片、声音等形式。每个笔记都可以进行相应的创建、修改、删除操作。操作时,点击所存放笔记的笔记本位置,然后点击"文件→新建→新建笔记"即可。对笔记的删除只需右击删除即可。Evernote 提供了一个简单的笔记编辑器,可以对笔记内容进行字体的修改、表格的插入、附件的添加等,如图 2.4 所示。

图 2.4　笔记编辑器

(2) **笔记本**

Evernote 可以将笔记分类到不同的笔记本中,用户可根据自身的需要对笔记进行分类。操作时,点击"文件→新建→新建笔记本"即可。其中,笔记本分为同步和本地两类。同步类可以将笔记同步到服务器端及用户其他版本的 Evernote 中,本地类只能将笔记保存在所存储的设备中。

例如,教师在个人知识管理中,可根据教学要求对笔记本进行分类设置,可新建笔记本,如教学备课、教学反思、教学技巧、专业知识拓展等,然后将笔记分类到相应的笔记本中,清晰明了。

(3) 笔记本组

笔记本组其实是笔记本的上一级目录,多个笔记本可以放置于一个笔记本组中。操作时,选中"笔记→右击→添加至笔记本组→新建笔记本组",其中,在添加至笔记本组时,如果用户之前已经新建过笔记本组,则出现新建笔记本组和已有的笔记本组两个选项。

例如,在个人信息管理中,若用户对某些软件(如 Photoshop、Flash、CoolEdit)学习充满兴趣,可以新建一个名为"软件学习"的笔记本组,可包含 Photoshop 学习资料、Flash 学习资料、CoolEdit 学习资料等多个笔记本。

(4) 标签

标签是笔记的属性,用来简单描述笔记的大致内容。在笔记编辑器中,可以设置标签名,设置之后标签名就会在笔记分类面板的标签中出现,也可直接在笔记分类面板的标签中右击新建。标签的设定方便了用户对笔记的回顾,也方便了用户对笔记的搜索。

例如,教师新建了一个"中和反应"的实验笔记,可设定标签为"实验";教师若新建了一个"课程反思"的笔记,可设定标签为"课程反思"。

(5) 笔记搜索

在 Evernote 中呈现的虽然只是一个简单的搜索条,但其搜索功能非常强大。用户可以按照笔记创建日期、笔记包含的文件类型等条件进行搜索。搜索时,使用算符可提高搜索效率。算符包括 intitle、notebook、any、tag、- tag、created、resource 等,各个算符功能如表 2.1 所示。①

---

① 印象笔记(Windows 版本)用户指南[OL] http://www.yinxiang.com/contact/support/documentation/evernote_windows.pdf.

表 2.1 搜索算符功能

算符	描述	举例
intitle:	在所有笔记的标题中搜索	intitle:coffee 搜索标题中包含“coffee”的内容
notebook:	搜索所有保存在特定笔记本中的笔记	notebook:finance 只搜索“finance”笔记本中的笔记
any:	搜索包含任一关键字的结果;若不使用此算符,则搜索包含所有关键字的结果	any:pizza beer 搜索包含“pizza”或“beer”的结果
tag:	搜索所有包含特定标签的笔记	tag:medical 搜索所有包含标签“medical”的笔记
-tag:	搜索所有不包含特定标签的笔记	-tag:medical 搜索所有不包含标签“medical”的笔记
created:(datetime)	搜索所有在指定日期之后创建的笔记,注意:日期必须满足格式:YYYYMMDD(年月日),或者与当前日期有关的写法(比如 day-1 表示昨天,week-2 表示两周前)	created:20101101 搜索所有 2010 年 11 月 1 日创建的笔记 created:week-2 搜索所有两周前创建的笔记
updated:(datetime)	搜索所有在指定日期之后更新的笔记,若没有更新过,则更新日期与笔记创建日期相同	update:week-2 搜索所有两周前更新的笔记
resource:	搜索所有包含指定文件类型的笔记	resource:image/jpg 搜索所有包含图片文件的笔记
latitude: ,longitude: ,and altitude:	搜索所有在指定坐标或者其附件创建的笔记	latitude:37 搜索所有创建位置纬度大于 37 度的笔记

续表

算符	描述	举例
source:	按创建笔记的应用程序类型搜索(mail.smtp 代表通过电子邮件创建的笔记,web.clip 代表通过网络剪辑器创建的笔记)	source:mobile 搜索所有用户移动客户端创建的笔记
recoType:	搜索所有包含印象笔记可识别信息的笔记(比如图片中的文字),有效的关键字是:printed、speech、handwritten、picture and unknown	recoType:picture 搜索所有被印象笔记图片识别系统处理过的笔记
todo:	搜索所有包含一个或者多个复选框的笔记	todo:true 搜索所有包含已经勾选复选框的笔记 todo:false 搜索所有包含没有勾选复选框的笔记 todo: * 搜索所有包含复选框的笔记
encryption:	搜索所有被印象笔记加密系统加密的笔记	encryption:

例如,用户想搜索标签为“实验”的笔记,在搜索框中输入 tag:实验;比如用户想搜索标题中与“学习”有关的笔记,在搜索框中输入 intitle:学习。

这里需要注意的是,不同的搜索条件对应不同的排序方式,如搜索标签类,则按标签排序;搜索标题类,则按标题排序。如图 2.5 所示。

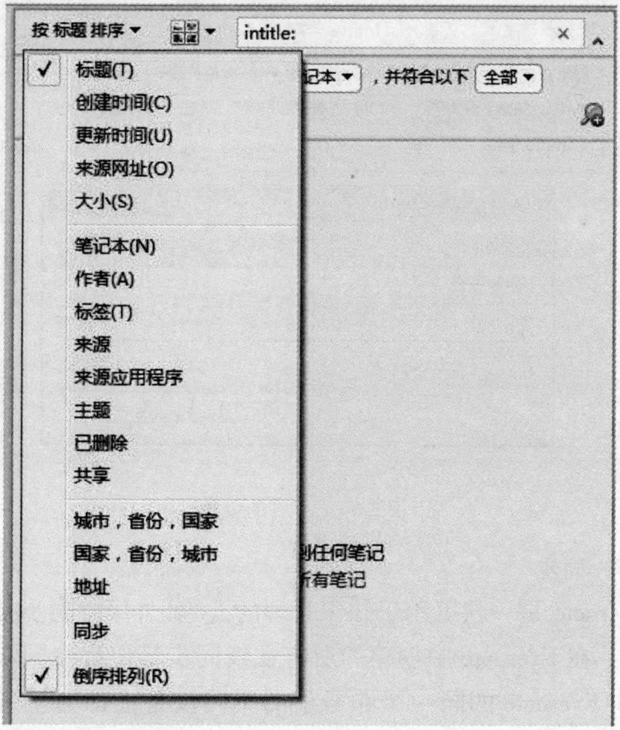

图 2.5　搜索排序

(6) 已保存的搜索

正如上述所说，Evernote 有强大的笔记搜索功能，对我们的信息查找非常有效。而随着我们信息量的加大，对信息的搜索将会日益增多，频繁输入相同的搜索条件，会大大降低工作效率。此时，我们可以运用“已保存的搜索”功能。可以为指定的语句建立已保存功能，在以后的使用中，只要查看面板左侧的“保存的搜索”就可以找到该语句，而不用手动输入，已保存的搜索语句就会同步到服务器端。

在搜索框中输入搜索条件，比如搜索标题中与学生有关的笔记，可以在搜索框中输入 intitle：学生。点击右下角蓝色的放大镜，还可以调整搜索语句，并进行命名，如图 2.6 所示。

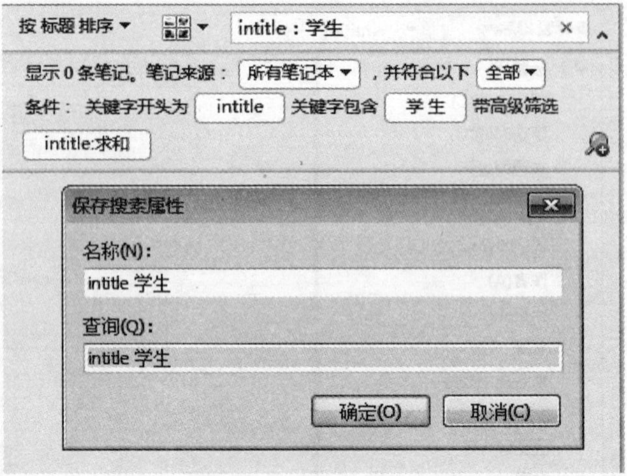

图 2.6　已保存的搜索

（7）同步

Evernote 是一款可用于知识管理的云笔记，保持同步是它的最大特点。在 Evernote 中创建的所有在线同步笔记都会同步到服务器端，在 Evernote 的同一个账号下的不同设备上都会呈现相同的内容。

值得注意的是，在不同位置编辑没有同步的笔记会产生冲突，Evernote 会自动生成一个名为"冲突的修改"的笔记本，如图 2.7 所示，并将修改过的笔记保存在其中。用户可以查看不同版本的笔记，进行相应的修改或删除不需要的笔记。

图 2.7　冲突文件夹

(8) 在 Evernote 中添加内容

除了最简单的直接在 Evernote 中输入文字,或者录入音频,或是将文件直接拖入,在 Evernote 中添加内容还有很多方法,如电子邮件导入、浏览器网页剪辑导入、文件夹导入和 Windows 屏幕剪辑导入。

①电子邮件导入

每个 Evernote 都有一个电子邮件地址,用户可以将重要的邮件内容发送至该地址,邮件内容即可添加至笔记。邮件主题即为笔记名,邮件正文即为笔记正文,邮件源地址即为笔记作者。想要找到邮件地址,可按图 2.8 所示的方式进行:①

- **Windows**:选择工具菜单下的" 账户信息 ",你可以在" 通过电子邮件发送笔记 "后面找到你的电子邮件地址。
- **Mac**:在菜单中选择参数设置,切换到账户信息选项卡。
- **iPhone**:点击主界面左上角的设置,下拉菜单并点击" 印象笔记电子邮件地址 "。
- **iPad**:点击主界面右下角的参数设置齿轮,下拉菜单并点击" 印象笔记电子邮件地址 "。
- **Android**:点击印象笔记菜单,选择" 设置 ",下拉菜单到" 账户信息>印象笔记电子邮件地址 "。

图 2.8　电子邮件地址查找方式

从邮件中添加的内容可在 Evernote 中设定标签和存入指定文件夹,也可通过邮件主题来设定。邮件的格式为:主题@ 笔记本名#标签。需要注意的是,笔记本名和标签是在 Evernote 中已经存在的,否则会归入默认笔记本中,标签亦会被当做是标题。导入到 Evernote 中的内容可在笔记编辑器中进行相应的编辑。

②浏览器网页剪辑导入

在 Evernote(Windows)的安装过程中,网页剪辑插件会自动随着 Evernote 软件的安装而安装,用户选取网页上有用的信息,在网页的任意地方"右击 → Add to Evernote",即可将内容导入

① 印象笔记(Windows 版本)用户指南[OL] http://www.yinxiang.com/contact/support/documentation/evernote_windows.pdf.

Evernote 中。

③文件夹导入

点击“工具→导入文件夹”，在弹出的窗口中添加你所要导入的内容至相应的笔记本中，导入后可进行相应的修改操作。

④Windows 屏幕剪辑导入

右击系统托盘中的大象图标，选择“创建屏幕剪辑”，截取有用的屏幕图片至笔记中。

(9) 分享资源，共享交流

Evernote 中的笔记都能通过电子邮件进行分享。在 Evernote 界面的上方有一个“分享”按钮，点击后即可通过邮件分享。或者是通过“笔记→共享→通过电子邮件发送”方式分享。

Evernote 也提供了另一种分享功能，即笔记本共享。用户可选中所要共享的笔记本，“右击→共享笔记本”，即可出现如图 2.9 所示的界面。点击其中的“邀请个人用户加入共享”，即可出现如图 2.10所示的界面，用户可对此笔记本进行相应的描述或者权限设置。

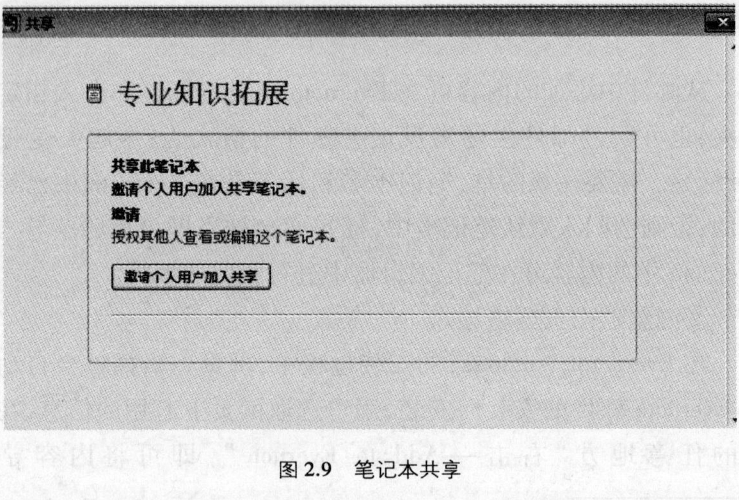

图 2.9　笔记本共享

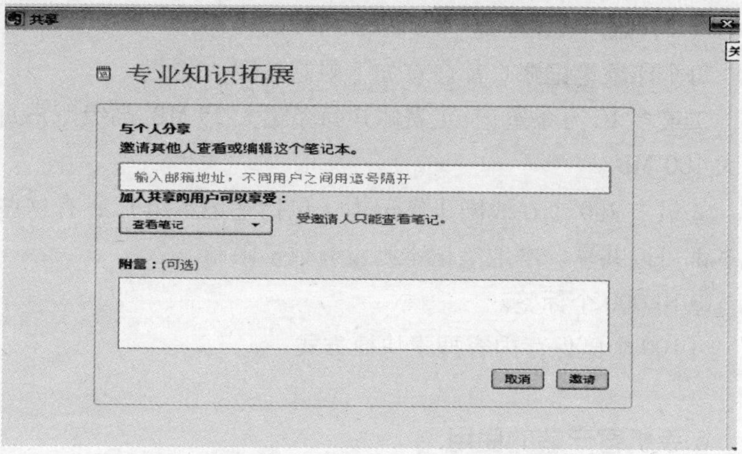

图 2.10　笔记本共享邀请

(10) 导出笔记和笔记本

导出笔记和笔记本的操作很简单，选中所要导出的笔记(本)，右击导出笔记(本)，选择导出格式和存储位置即可。导出格式有.enex和.html 两种。若想将文件导出以后还能导入 Evernote 中，则选择.enex；若想导出的文件能够浏览，则选择.html 格式。

(11) 加密

Evernote 还有一个加密文本的功能，选中所需加密的文本，右击“加密所选文本”，在弹出的窗口中输入加密密码即可。值得注意的是，如果用户忘记密码，Evernote 将无法显示文本内容，所以在加密时可加入一定的提示。

(12) 快捷键

Evernote 中的快捷键有很多，比较常用的是 Ctrl+Alt+N(切换到 Evernote 并创建一条新笔记)、Ctrl+Alt+V(粘贴到 Evernote)、Win+Shift+F(启动新搜索)等。用户可以根据自身的使用习惯对快捷键进行修改设置。操作方式为“工具→选项→热键”。

(13) **账户数据限制**[①]

每个印象笔记账户都会有如下限制条件：

①最多10万条笔记；免费账户每条最大25 MB，高级账户每条最大100 MB。

②最多250个在线同步笔记本（包括笔记本组），所有这些笔记本都可以共享。本地笔记本则没有数量限制。

③10 000个标签。

④100个已保存内容搜索快捷方式。

5.手机客户端的使用

与PC客户端相比，Evernote手机客户端的界面与使用相对简单，其主要功能如下：

(1)笔记(本)操作：新建、删除、修改、重命名、共享等常规操作。

(2)快照：可将主要资料拍照后一键上传。

(3)音频：可将重要想法或者事件用语音进行简单记录。

(4)添加附件：附件的形式丰富，可添加至笔记中。

(5)笔记搜索：手机客户端的笔记搜索功能与PC端一致，可按照以上介绍的搜索算符搜索。

(6)任务列表新建：用户可将近期所需完成的事情建立成任务列表，起提醒的作用。

2.1.3 经典案例

通过上面的介绍和分析，我们可以看出，Evernote适合于不同领域的研究者进行个人知识的管理，使散乱的信息变成有结构的

---

① 印象笔记(Windows 版本)用户指南[OL] http://www.yinxiang.com/contact/support/documentation/evernote_windows.pdf.

知识,培养知识的积累能力和创新能力。随着 Evernote 的问世,其使用人数不断增多,很多专业人士也加入使用 Evernote 的队伍中,管理他们的个人知识。

1.学生运用 Evernote 进行个人知识管理

Ryan Kessler,一个来自加利福尼亚奥兰治县的学生,使用 Evernote 来帮助自己的学习。Evernote 帮助 Ryan 组织自己的高中学习,使他的 GPA 从 2.9 提高到 4.4。Ryan 上高中的时候,学习 5 门高中课程和 4 门大学课程,还有兼职工作,所以他需要一个辅助工具来帮助他保持条理性,完成要做的工作任务。Evernote 的出现完全改变了他忙乱的状态。他对 Evernote 的使用主要包括以下几个方面:

(1) 资料整合,组织学习

Ryan 在刚上高中的时候,各项工作的开展都比较混乱,并不是因为他没有进行时间管理,而是无法及时地找到自己需要的学习资料。之后,他使用了 Evernote 进行学习管理,他把各项学习资料都进行了标签分类,将不同类型的资料分别存储在不同的笔记本中,使得他能及时高效地找到当前所需的资料,不出现干扰。他认为,他的 GPA 能提高,很大程度上是因为他使用了 Evernote,能够随时随地找到需要的学习资料。

(2) 减轻负担,连接所有设备

Ryan 使用 Evernote 后,只携带手机、杂志去上课。他将需要学习的教科书扫描存入 Evernote,无需像其他同学一样携带笔记本。他使用同一个账号登录,用图书馆的电脑学习和打印,减轻了学习负担。

(3) 团体项目和课堂讨论

在团体讨论中,往往需要通过电子邮件进行信息传递。Ryan 使用 Evernote 来跟踪小组计划,他将自己的 Evernote 账号告知小组成员,小组成员便将一切有关小组讨论的项目都发送到他的

Evernote 账号上，这样他就能知道最新的学习资料，学习并掌握它们。

(4) 紧缩时间，备战考试

在大考前，Ryan 会用 Evernote 制订学习指南，将考试所需要的笔记整理至一个单独的笔记本中，以免其他学习资料的干扰，还可以避免复习资料的遗漏。

(5) 学习外语

Evernote 具有录音笔记的功能，Ryan 使用该功能录下自己的英文发音，然后回放，再与老师的发音进行对比，从而完善自己的发音。

Ryan 认为 Evernote 功能强大，在他的知识管理中发挥了很大的作用，他期待看到 Evernote 的成长，期待看到 Evernote 适应他新开展的研究和工作生涯。

从 Ryan 的案例中我们可以看到，他将学习资料都整合在 Evernote 中，很好地进行了个人知识的管理，使 Evernote 变成他知识的百宝箱。

2.教师运用 Evernote 进行教学

来自加州卡梅尔迦密中学的 Kevin Buran 是一个六年级和八年级的科学老师，他是 Evernote 的狂热爱好者。他会将扫描的工作表、学生工作、自己的行程传送到 Evernote，管理他的工作和研究数据材料，使 Evernote 成为他的个人知识管理工具。他对 Evernote 的使用主要包括以下几个方面：

(1) 与学生分享学习资料

有一段时间，Kevin 所在的地区发生了滑坡，阻碍了道路交通，使得学生连续几周都无法上学。Kevin 使用 Evernote 的分享功能，将课程所涉及的笔记、PPT、实验等资料传送给学生。这样，即便是学生无法上学，也不会耽误学习进程。

Kevin 还会把在生活中遇到的与学生学习有关的文章、视频、音频链接等放入 Evernote 中，让学生看到他们的研究所涉及的真实世界。

（2）研究与实验

Kevin 使用 Evernote 的 Web Clipper 功能将网页上的重要内容记录入 Evernote 中，避免了发邮件的麻烦。他还让八年级的学生注册账号，在 Evernote 中收集资料、记录笔记和实验结果。

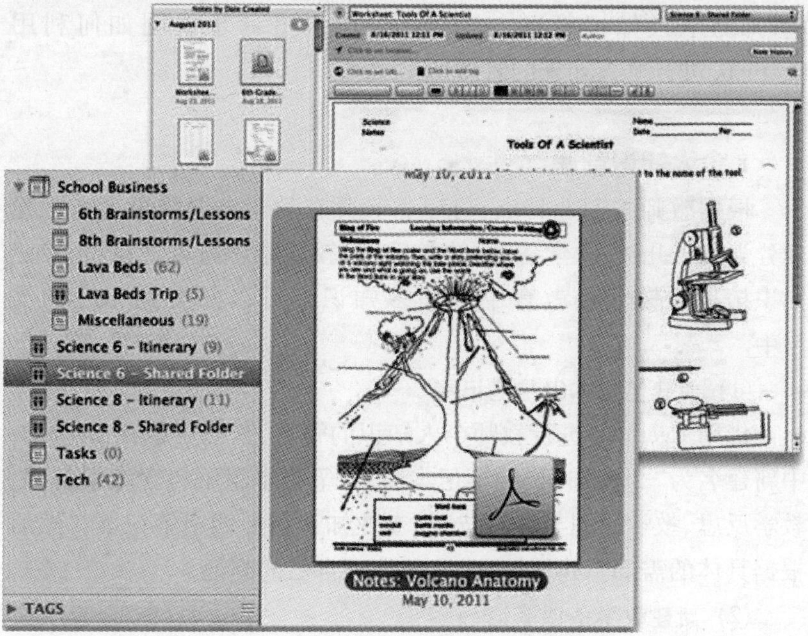

图 2.11　Kevin 的笔记

从 Kevin 的案例中我们可以看到，他将教学资料、研究材料都整合在 Evernote 中，并分享给学生。全班学生通过 Evernote 来共享学习资料，很好地进行了个人知识的管理和分享，对他们的工作和学习有很大的帮助。

2.1.4 案例设计——教师的个人知识管理与交流

Evernote 在个人知识管理中发挥了很大的作用，使得原本杂乱的信息能够得到很好的归类，同步的功能又使得用户可以随时随地利用不同的设备进行知识的管理与学习、分享与交流。这里以“教师的个人知识管理与交流”为例来进一步说明如何利用 Evernote 进行个人知识的管理。

1.个人知识管理

根据教师的职业特点，可以将教师在教学方面的个人知识管理分为以下几类：教学备课、教学反思、教学原理与教学技巧、专业知识拓展。教师在教育中的很多知识都可以归类到相应的类目中。

(1) 新建笔记本组与笔记本

借助 Evernote 进行教师个人知识的管理，首先可以在 Evernote 中新建名为“个人知识”的笔记本组，该笔记本组下包含教学备课、教学反思、教学原理与教学技巧、专业知识拓展四个笔记本。然后根据具体的需要新建笔记，丰富与管理自己的笔记。

(2) 新建教学备课笔记

备课的优质与否直接影响课堂教学的有效性，因此，对于教师来说，优质的备课是有效教学的敲门砖。面对一大堆备课教案，教师会产生一个问题：备课内容繁杂，如何有效地管理呢？Evernote 很好地解决了这一难题。教师可以将备课的资料存储于“教学备课”笔记本中。

例如，教师在对课文《醉翁亭记》进行备课时，可以在教学备课中新建名为“醉翁亭记教案与 PPT”的笔记，笔记中可以包含教案、PPT、课文录音、视频等上课所需的教学内容。这些素材都可以在 Word、Powerpoint 等软件中完成，然后直接复制或者拖曳至笔记中。

为了以后查找方便,使用者可以为其设置诸如“文言文”、“语文”的标签,如图 2.12 所示。

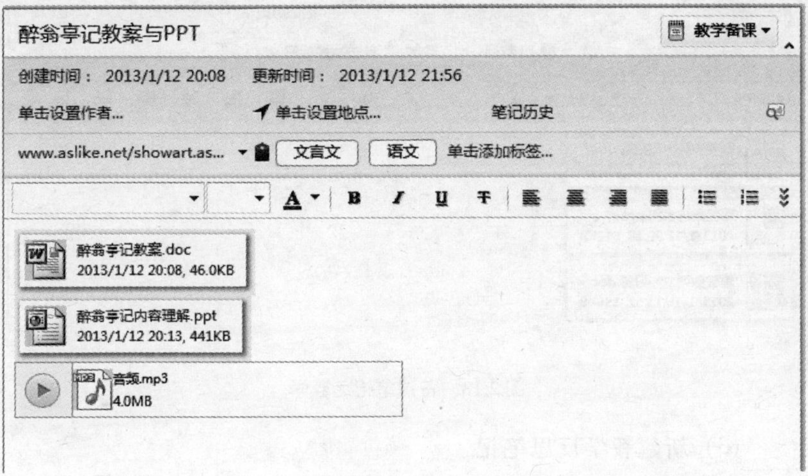

图 2.12　备课笔记之语文

再如,教师在对数学“等差数列求和”一节备课时,可以在教学备课中新建名为“等差数列求和教案与 PPT”的笔记,笔记中可以包含教案、PPT、习题等上课所需的教学内容。这些素材都可以在 Word、Powerpoint 等软件中完成,然后直接复制或者拖曳至笔记中。为了以后查找方便,使用者可以为其设置诸如“数列”、“数学”的标签,如图 2.13 所示。

在备课的过程中,教师可能会在网上搜索有用的教学资料,如果看到适合课堂教学的,可用 Evernote 的剪辑功能保存下来,方法是:在网页的任意地方“右击→Add to Evernote”,即可将内容导入 Evernote 中。

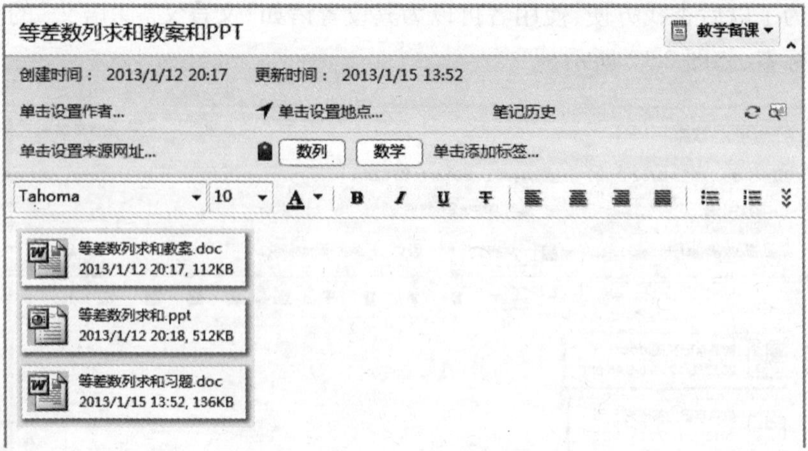

图 2.13　备课笔记之数学

(3) 新建教学反思笔记

教学反思一直以来是教师提高个人业务水平的一种有效手段，凡教育上有成就的大家一直都非常重视教学反思。现在很多教师都从自己的教育实践中反观自己的得失，通过教育案例、教育故事或教育心得等来提高教学反思的质量。① 教师需要对自己的教学水平评估，同时需要教学成果的提升，所以大量的教学反思需要有一个系统化的管理。如果使用以往的文件夹管理，文章杂乱，查找困难，无法满足文件的同步需求，而 Evernote 正好解决了这些问题。教师可以将教学反思的资料都存储于"教学反思"笔记本中。

例如，教师在上完《醉翁亭记》一文后，对学生的课堂表现、课后的反馈进行了一系列的思考，并以文字的形式呈现。可以在 Evernote 中新建名为"醉翁亭记教学反思"的笔记，在 Evernote 的笔记编辑器中直接输入文字或者将 Word 拖曳至笔记中。为了以后查找方便，使用者可以为其设置诸如"反思"的标签，如图2.14

① 百度百科[OL]. http://baike.baidu.com/view/914520.htm.

所示。

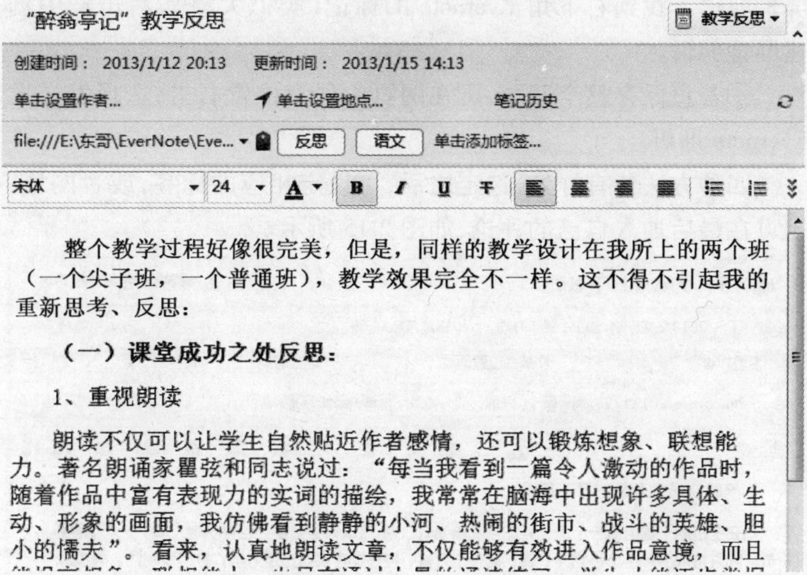
“醉翁亭记”教学反思
教学反思
创建时间：2013/1/12 20:13 更新时间：2013/1/15 14:13
单击设置作者...
单击设置地点...
笔记历史
file:///E:\东哥\EverNote\Eve...
反思
语文
单击添加标签...
宋体
24
整个教学过程好像很完美，但是，同样的教学设计在我所上的两个班（一个尖子班，一个普通班），教学效果完全不一样。这不得不引起我的重新思考、反思：
（一）课堂成功之处反思：
1、重视朗读
朗读不仅可以让学生自然贴近作者感情，还可以锻炼想象、联想能力。著名朗诵家瞿弦和同志说过：“每当我看到一篇令人激动的作品时，随着作品中富有表现力的实词的描绘，我常常在脑海中出现许多具体、生动、形象的画面，我仿佛看到静静的小河、热闹的街市、战斗的英雄、胆小的懦夫”。看来，认真地朗读文章，不仅能够有效进入作品意境，而且

图 2.14 教学反思笔记

教学反思的形式有多种，除了总评还有旁注、点评、串析等形式，教师可以将相关的备课笔记拖入反思笔记中，对备课时的教案、PPT 等做出批注、评析和修改。

(4) 新建教学原理与教学技巧笔记

为了有效教学，教师往往要学习很多理论知识和教学技巧，如果这些理论知识和技巧是从网上下载下来的，那么如何有效地保存这类信息呢？

例如，教师在网上看到一篇名为《如何激发学生的学习兴趣》的文章，深觉有理，想保存下来。此时，有如下方法：

①新建名为“如何激发学生的学习兴趣”的笔记，将网页上的内容复制、粘贴至笔记中。

②复制网页上的内容，选中右下角 Evernote 的标记（类似大象），右击选中粘贴至 Evernote 中。

③如果只是想截取网页上的部分内容或者图片，也可以使用屏幕剪辑。找到右下角 Evernote 的标记（类似大象），右击选中创建屏幕剪辑。

④若想保存整个网页，可在网页的任意位置右击，选择发送至 Evernote 即可。

四种方法各有好处，选定之后，可设定相应的标签，或者网址，也可在最后加入自己的评论，如图 2.15 所示。

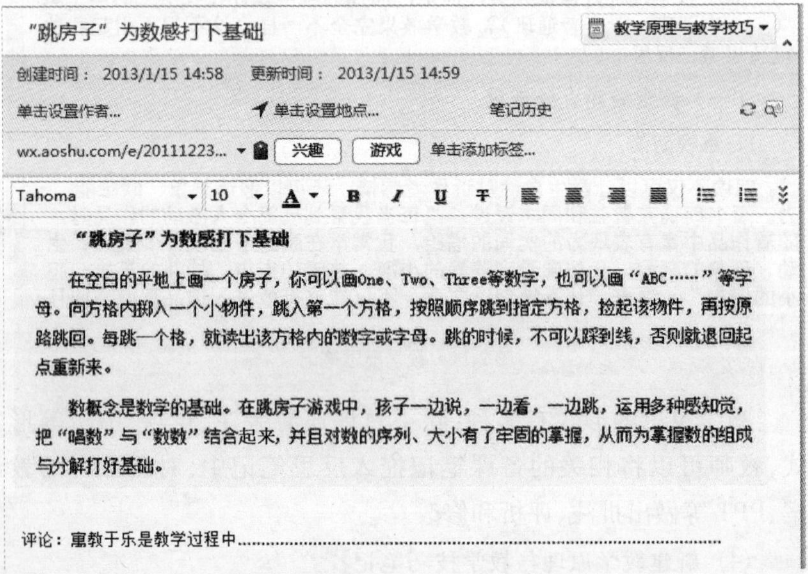

"跳房子"为数感打下基础
教学原理与教学技巧
创建时间：2013/1/15 14:58 更新时间：2013/1/15 14:59
单击设置作者...
单击设置地点...
笔记历史
wx.aoshu.com/e/20111223...
兴趣
游戏
单击添加标签...
Tahoma
10
"跳房子"为数感打下基础
在空白的平地上画一个房子，你可以画One、Two、Three等数字，也可以画"ABC……"等字母。向方格内掷入一个小物件，跳入第一个方格，按照顺序跳到指定方格，捡起该物件，再按原路跳回。每跳一个格，就读出该方格内的数字或字母。跳的时候，不可以踩到线，否则就退回起点重新来。
数概念是数学的基础。在跳房子游戏中，孩子一边说，一边看，一边跳，运用多种感知觉，把"唱数"与"数数"结合起来，并且对数的序列、大小有了牢固的掌握，从而为掌握数的组成与分解打好基础。
评论：寓教于乐是教学过程中……

图 2.15 网页信息记录

(5) 新建专业知识拓展笔记

对于这部分笔记，和上述的做法一样，可以是网页的剪辑，文章的复制、粘贴，网址的存储，图片、音频的保存等。

当然，如果教师的邮件中有重要内容需要保存，也可以采用之前所说的邮件导入方式。若教师想把之前的备课文件和反思素材等个人知识放入 Evernote 中进行管理，就可采取文件夹导入的方式。

教师的个人知识管理应根据自身情况设定笔记本，除了上述四种设定笔记本的方法，还可以增加学生情况、软件学习等。教师也可以对突发的教学灵感进行简单记录，如文字、音频等形式，待有时间后将想法补全。

2.交流协作

教师经常需要进行教学研讨和教学经验交流，各年级通常也要定期展开研讨。通过 Evernote 平台，教师可以参与更多的研讨交流，随时随地发表自己的教学看法。比如，新建笔记本名“经验交流”，邀请同行加入，对特定话题展开探讨。

以上的内容主要针对教师的教学，教师也可以新增一个笔记本组，对自己的生活进行记录。

教师运用 Evernote 进行个人知识管理，可以将教学工作安排得井井有条，同步功能可以让教师在学校或者家中备课无烦恼。笔记中加入自身学习的内容，也有利于教师利用空闲时间随时随地学习，提高自身的专业水平和教学水平。

2.2 华为网盘

云存储是云计算时代下的一次存储变革，各大厂商纷纷推出各自的云存储网盘。网盘，又称网络磁盘、网络空间、网络 U 盘、网络优盘，等等，是一些网络公司推出的在线存储服务，向用户提供文件的存储、访问、备份、共享等文件管理功能。①

目前，主流的云存储网盘主要有以下几种：国外的 Dropbox、Rapidshare、Megaupload 等，国内的 115 网盘、华为网盘、金山快盘、百度云盘等。本节以华为网盘为例，作简要的介绍。

① 茆意宏，黄水清.数字图书馆信息安全管理依从标准的选择[J].中国图书馆学报，2010(4)：54～60.

2.2.1 华为网盘简介

华为网盘是华为公司推出的一款云存储网盘，具有同步、便捷等优点，用户可以方便、快捷地进行文件资料的整理、同步和分享，使多个终端可以访问相同的文件，进行资源共享。

华为网盘作为一款云存储网盘，在个人知识管理、文件同步等方面有非常好的效果，它的主要特点如下：

1.保持同步

保持同步是云存储最大的特点，无论是在PC还是其他移动设备上上传或者删除文件，云端服务器都会作出响应。只要用户用同一账号登录华为网盘，无论是PC还是移动设备，都能实现文件的同步。这种同步使得文件可以多地存储与使用，为我们的知识管理提供了便利。在华为网盘中，同步文件都将存储在名为“我的网盘”或者“同步文件”的文件夹中。

2.本地管理

与其他网盘相比，华为网盘提供了“我的网盘”和“同步文件”两个同步文件夹。“同步文件”可以进行本地管理，就像操作电脑硬盘一样，只要将所需文件放在电脑硬盘创建的Dbank文件夹即可（Dbank是安装时创建的文件夹，可自行选择电脑的存储盘）。

3.资源分享便捷

利用华为网盘进行资源分享可以通过文件外链和邮件发送两种方式，还可连接新浪微博，第一时间把所要传达的讯息发布出去。利用华为网盘进行邮件发送，突破了传统邮件收发文件大小的限制。

4.文件类型丰富

华为网盘对于文件的格式没有限制,任何格式类型的文件都可以存储其中,永久保存。用户可以将上传的文件以视频、音频、文档等方式归类。

5.还原历史版本

用户经常需要对文档进行编辑操作,但有时候修改过的文档达不到预期的效果,这时就需要查找之前版本的文档,华为网盘正好具备此项功能,用户可以恢复此文档之前的三个版本的文档。

6.大量资源下载

华为网盘拥有大量的用户,用户会上传大量优秀的资源,丰富的资源库可以给其他用户的下载提供方便。

2.2.2 华为网盘的使用方法

华为网盘支持多种操作系统,可在多个终端上使用,分别有Windows 版本、Android 版本、iPhone 版本、iPad 版本和爱同步。爱同步是网盘的同步软件,支持随传随同步。

本节主要是对华为网盘在 PC 客户端、手机客户端和 Web 端使用的简单操作进行说明,介绍华为网盘的软件界面、操作以及功能。此外,还提供并设计经典案例,帮助读者更好地了解华为网盘的使用价值,并能掌握使用该软件进行个人知识的管理与分享的方法。

1.设备与环境要求

用户需有 PC、智能手机、iPad 等移动设备(有一种即可),且需在网络环境下使用。若无网络环境,则文件不能进行同步。

2.安装

用户可根据自己的移动设备选择合适的华为网盘版本(http://www.dbank.com/)。为了更好地实现同步功能,在安装Windows 版本时,需安装“爱同步”。在安装“爱同步”的过程中,会出现同步文件夹的安装位置,用户可根据自己的意愿进行更改,如图 2.16 所示。在使用的过程中,用户只需将文件移至爱同步文件夹“My DBank”,即可实现同步。爱同步文件夹(My DBank)即为华为网盘同步文件夹。

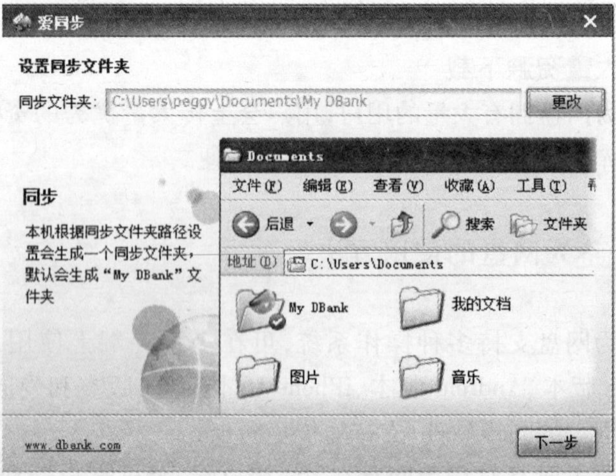

图 2.16　同步文件夹位置更改

3.注册与登录

安装完成后,双击华为网盘图标,出现如图 2.17 所示的界面,左侧为登录模块,右侧为注册模块。用户填入电子邮件及密码进行注册,注册完成后即可登录。

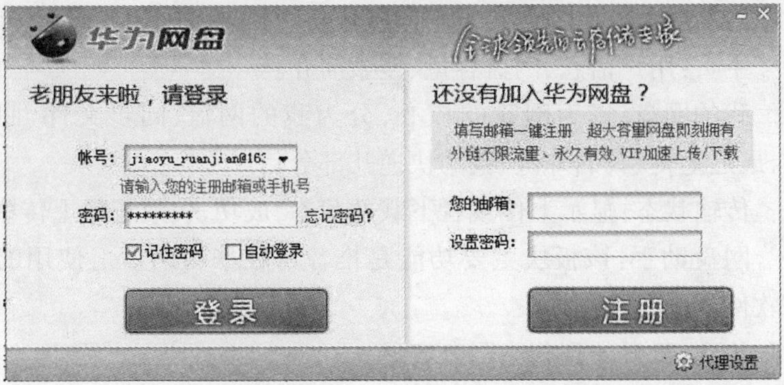

图 2.17　注册与登录

登录的方式不是唯一的，除了上述的登录方法，还可以使用“新浪微博”或“QQ”账号登录。在华为网盘的 Web 端，点击“新浪微博”或“QQ”图标，经过授权，即可快速登录网盘。如果已经是网盘的用户，可以在 Web 端的设置中点击“绑定账号”进行设置，如图2.18所示。

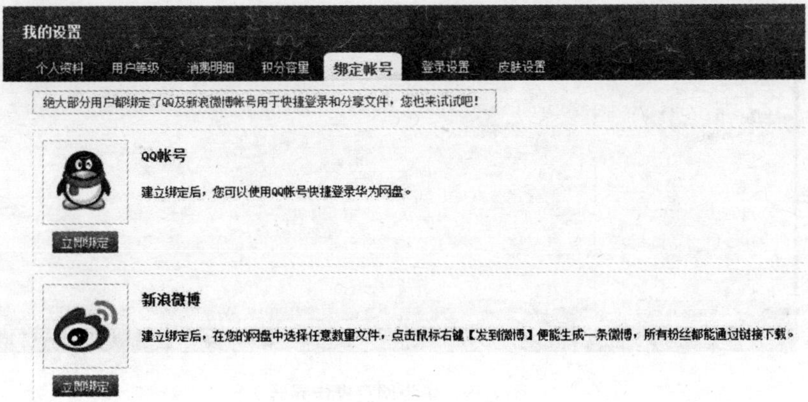

图 2.18　账号绑定

4.华为网盘操作界面

华为网盘的操作界面（如图 2.19 所示）简洁、大方，色彩搭配合理。它主要分为以下几个板块：主页、我的网盘、传输状态、网盘助手、签到和帮助中心，点击不同板块将切换到不同的界面。

主页：用户信息、网盘容量、搜索简介。

我的网盘：华为网盘的核心，分为我的网盘、同步文件、回收站、最近上传、我的外链、我的快递几部分。

传输状态：显示上传或者下载的状态，成功、失败还是上传中。

网盘助手：该板块主要功能是推荐可在华为网盘上使用的热门软件。

签到：每日签到获取网盘容量。

帮助中心：点击帮助中心，链接到华为网盘的介绍页面，可供用户学习与了解。

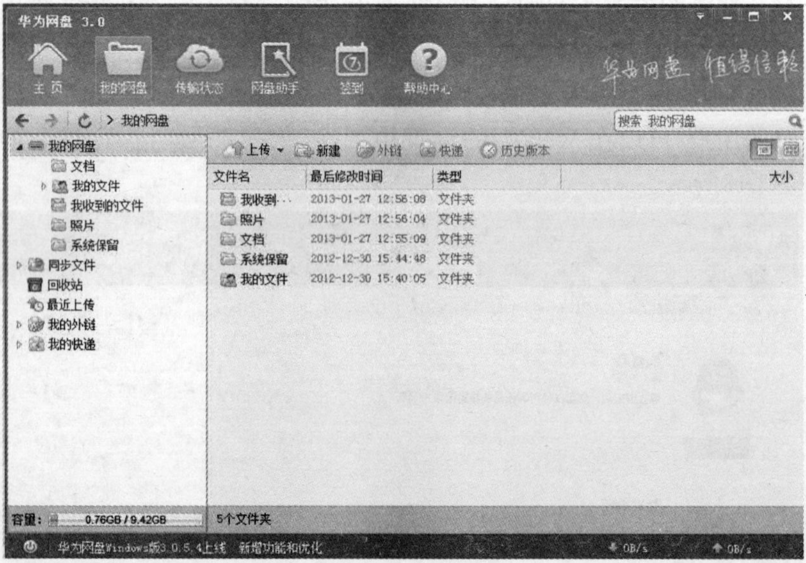

图 2.19　华为网盘操作界面

华为网盘的核心是“我的网盘”板块，在该板块中主要有我的网盘、同步文件等几个板块，用户可以对任意文件进行新建、删除、重命名、复制、剪切、下载等常规操作。

5.华为网盘功能操作模块

从上面的简单叙述中,可知华为网盘可以对我们的个人知识进行很好的管理,有助于信息的共享。它具有几个简洁而实用的功能,具体如下:

(1) 我的网盘

我的网盘自带文件夹分类,用户可以将文件拖入相应的文件夹中,也可使用上传和下载功能,并可自行新建与删除文件和文件夹。我的网盘中的文件只同步到云端,不会在本地存储。用户可以在此盘中存储私密的、不需经常修改的文件。

(2) 文件同步

网盘中的"同步文件",即"爱同步"的前身,能在不同的移动终端显示存储的文件,支持随传随同步,能对文件进行本地管理,对应于电脑硬盘中的"My DBank"文件夹。用户可以存储私密的、需经常修改的文件。

用户可以使用两种方法存储、上传文件。

方法一:点击文件所存储的目标文件夹,找到所需文件或文件夹即可,然后点击上传,如图 2.20 所示。

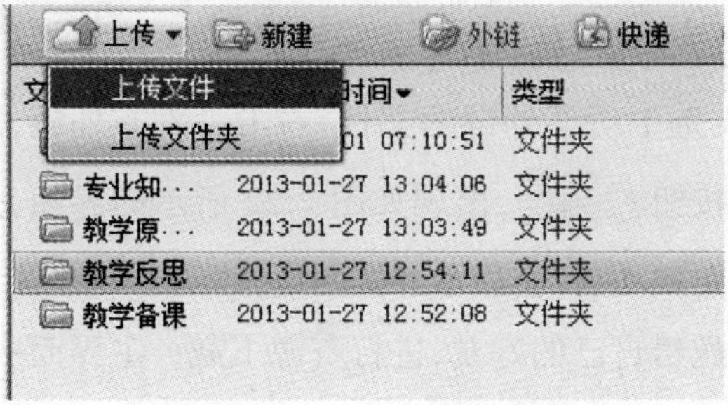

图 2.20 文件上传

方法二:使用爱同步。将文件存储至“My DBank”中的相应文件夹即可,如图 2.21 所示。

图 2.21 My DBank 上传

(3) 发布外链,共享信息

文件外链是华为网盘提供的一种文件分享功能,用户可以将任意文件生成一个外部链接地址,贴到论坛、个人空间,分享给 QQ 好友、微博好友等,方便快捷。

方法是:选中所要外链的文件,右击→发布外链,或者点击界面上的外链按钮 

,出现如图 2.22 所示的界面,点击发布即可。外链发布成功后,会显示外链网址,如图 2.23 所示。用户可以复制网址发送给自己的好友,进行资源下载。主界面中的“我的外链”可以进行外链的相关设置。

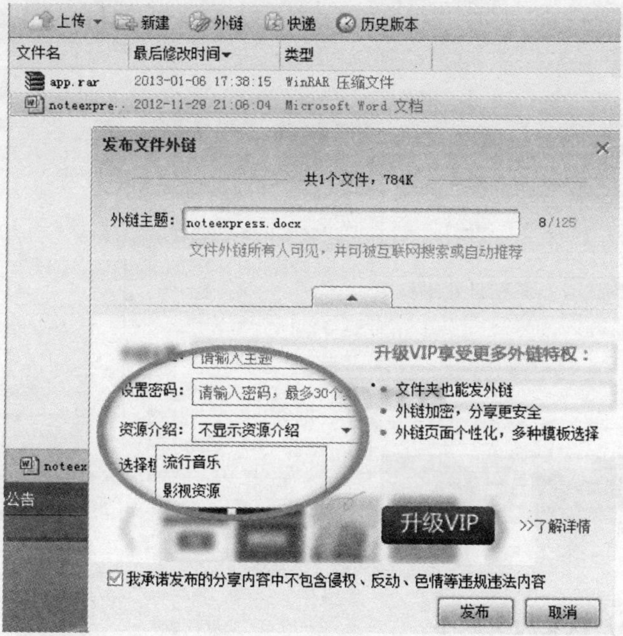

图 2.22　外链发布

图 2.23　外链发布成功

(4) 邮件快递，信息共享

用户可以将文件像发送邮件一样发送给指定的用户。选中文件,右击→发送快递,或者点击界面上的快递按钮 快递 ,即可出现快递界面。在快递界面上有收件人、主题、留言、快递文件等条目,用户可以填写。其中收件人可以手动输入邮箱,或者点击添加联系人(添加过好友),即可出现如图 2.24 所示的界面。

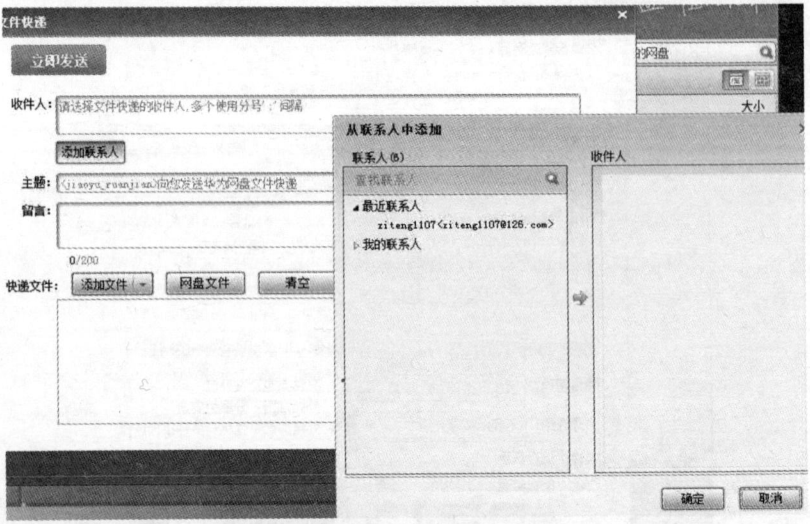

图 2.24　快递发布

（5）恢复历史版本

华为网盘提供了历史版本的恢复功能，用户可以恢复此文档之前的三个版本的文档。选中所要还原的文件，点击历史版本恢复按钮 历史版本 ，即可出现如图 2.25 所示的列表，选中所需版本即可。

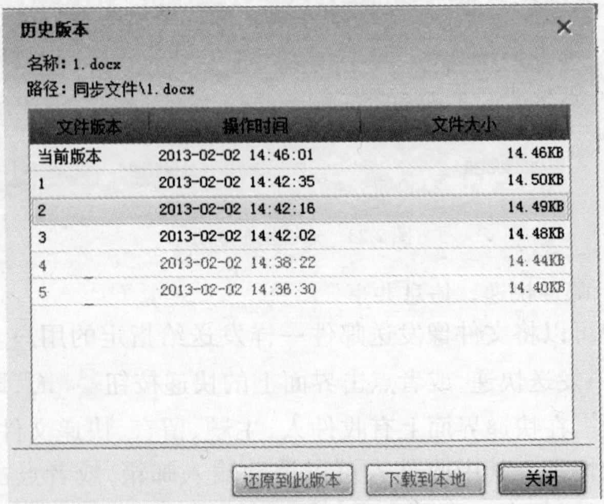

图 2.25　历史版本恢复

(6) **海量资源下载**

华为网盘用户发布了海量资源外链,用户可以登录华为网盘的 Web 端,在搜索框内搜索,或者在任意浏览器中输入搜索内容+华为网盘,即可搜索到大量所需的资源。

(7) **账户容量获取与数据限制**①

华为网盘的初始容量:5 G(用户可以通过每日签到、邀请好友加入、新手任务等方式增加网盘容量)

免费用户网盘容量上限(通过新手任务):35 GB

单文件上传上限:1 GB

外链单文件上限:400 MB

外链文件数上限:100 个/外链

文件快递上限:10 人/次;20 个文件/次;100 封/月

爱同步文件数:可同步 1 万个文件

6.手机客户端与 Web 端的使用

(1) **手机客户端的使用**

与 PC 客户端相比,华为网盘手机客户端的界面与使用就相对简单很多。手机客户端主要分为“我的网盘”与“同步文件”两大板块。两个板块操作功能基本一致,有以下几点:

①新建文件夹:用户可以在所需之处新建文件夹。

②对文件夹操作:点击“操作”按钮,即可实现对文件的复制、剪切、删除等操作。

③发布外链:点击“操作”按钮,即可出现外链,用户对文件外链后,可通过短信发送给其他用户,进行信息共享。

④文件上传:用户可进行拍照,图片、文件上传,还可查询传输状态。

⑤“更多”按钮:用户可使用此按钮进行“我的网盘”与“同步

---

① http://dbank.vmall.com/netdisk/help.html? v=2.9.61374715026950#12.

文件”的切换，也可进行新手任务以获得更多的网盘空间。此按钮下还有“最近上传”选项，用户通过此选项，可以查询每个文件的上传终端。文件可以下载或者阅读。

与“我的网盘”相比，“同步文件”多了一项排序功能，用户可以将文件按照修改时间、文件大小、文件名称、文件类型进行排序。

(2) Web 端的使用

华为网盘 Web 端的操作与 PC 客户端的操作基本一致。Web 端可以绑定微博或者 QQ 账号，在外链发布的同时可将链接同时发布至微博或者 QQ 空间，使更多的用户共享。

2.2.3 使用案例

网盘在个人知识管理与信息共享中发挥了很大的作用，节省了存储空间，同步的功能还使得用户可以随时随地利用不同设备进行知识的管理与分享。基于这些优势，网盘赢得了大量的用户，他们在自己的工作、学习中高效地利用网盘进行个人知识管理、信息共享和协作学习。

1. Dropbox **使用案例**①

来自美国的 Mike.M 每年使用 Dropbox 对 PPT、音乐和视频文件与其他工作人员进行协调，成功面向 300 个高中生进行了为期三天的夏令营活动。Paulo R.使用 Dropbox 和他的学生分享知识，开放学生的思想，承载他们蓝色的梦想。Lyndon D. 等五个牛津大学的学生使用 Dropbox 对他们神学科目的期末考试进行相关协调，最终他们获得了 2012 年的所有奖项。Rajiv K 在考试之前，很轻松地使用 iPad 复习存储于 Dropbox 上的教学大纲，免除携带书籍的烦恼。Wong H.用 Dropbox 与他的小组成员共享包含主题任务的文

① https://www.dropbox.com/explore/100m/:story_id#! /100m/2538.

件，更好地完成协作学习，使学习生活变得更容易。

2.案例设计

这里以教师的个人知识管理与分享为例来进一步说明如何利用华为网盘进行个人知识管理与分享。

根据教师的职业特点，可以将教师在教学方面的个人知识管理分为以下几类：教学备课、教学反思、教学原理与教学技巧、专业知识拓展、会议纪要。教师在教育中的很多知识都可以归类到相应的类目中。

(1) 文件夹新建

借助华为网盘进行教师个人知识管理与分享，可以在“同步文件”中新建名为“教学”的文件夹，该文件夹中包含教学备课、教学反思、教学原理与教学技巧、专业知识拓展、会议纪要五个文件夹（也可在本地的“My DBank”或“我的网盘”中新建）。然后根据具体的需要，存储文件，管理文件，如图 2.26 所示。

文件名	最后修改时间▾	类型
会议纪要	2013-02-06 10:21:23	文件夹
专业知···	2013-01-27 13:04:06	文件夹
教学原···	2013-01-27 13:03:49	文件夹
教学反思	2013-01-27 12:54:11	文件夹
教学备课	2013-01-27 12:52:08	文件夹

图 2.26　文件夹分类

(2) 文件快递共享

教师在工作过程中，要进行教学研讨、教学会议等常规事务，这时候可将自己的心得、经验等信息，通过邮件快递的形式分享给其他教师或者教学领导，进行交流。

(3) 文件外链共享

教师对于自身的教案设计觉得比较满意，或者对教学有所见解，想与更多的教育者或非教育者交流，可以将文件发布外链，并复制外链地址，发布在自己的微博、人人、QQ 等社交网络上，吸引更多对教育感兴趣者前往阅读，与之交流，共同提升。

(4) **资源下载**

华为网盘由于用户数量庞大，资源类型丰富，为广大用户提供了良好的下载环境。教师可在网盘的主页搜索与教育相关的资源，比如教学的原理、与学生的沟通事项、教案等。

例如，在网盘主页的搜索框内输入相关的搜索内容，可在全站搜索。如搜索“语文教案”，可输入“教案”、“语文”，如图 2.27 所示。

图 2.27 文件搜索

2.2.4 结语

在华为网盘的使用中，经常需要使用其他软件进行辅助。比如联系人、爱同步、自动快递、智能备份等，用户可以根据需要去 PC 客户端的“网盘助手”中下载。

华为网盘拥有直观简洁的界面，实现了多平台的存储与同步，很好地迎合了用户的需求。在教育领域应用前景广阔，不仅会成为教师、学生个人知识的管理工具，还成为他们共享资源和进行交流的平台。

2.3 Mindjet

思维导图(Mind Mapping)将发散的抽象思维理性收敛到一张具体的图纸上,从而帮助理念的理解和传达,是一种辅助人脑思维表达的工具。Mindjet 就是在手机平台上应用的一款思维导图制作软件。

本节对 Mindjet 软件的操作进行简要说明,内容包括:

(1)介绍 Mindjet 软件界面及功能。

(2)介绍 Mindjet 软件的用途及性能。

(3)提供经典案例,探讨教育应用。

2.3.1 Mindjet 软件概述

1.简介

Mindjet 有着直观友好的用户界面和丰富的功能,同时严格遵守托尼巴贡的制图法则,能够帮助用户有序地组织思维、资源和项目进程,只需手指滑动就能对一个新想法、新话题进行创建等编辑操作。

现在 Android 和 iOS 平台上都已经有 Mindjet 的思维导图应用,而且都是免费的。我们可以借助手机平台上的 Mindjet 掌上思维导图软件随时随地制作思维导图,更快更好地捕捉思维。

2.功能

Mindjet 作为一款思维导图制作软件,提供给用户一个图形化、操作界面最大化的制作环境,所有的功能选项都是以图形键的方式呈现。它包含以下主要功能:

(1)在突发灵感或者时间紧迫的情况下,随时随地在移动设备的客户端上描绘简单明了的思维导图。

(2)新建、编辑、删除思维导图或文件夹。

(3)对已有文件进行复制、删除、重命名以及在手机桌面上建立 map 文件的快捷方式。

(4)输入图名,快速搜索已保存在软件中的思维导图文件。

(5)有 Mindjet 网页版(https://vision.mindjet.com)的链接,并能与 iOS、PC 和 Mindjet 的数据同步,在云环境下工作。

(6)能够进行团队合作,共同构图。

2.3.2 功能与操作

1.注册与登录

在手机中打开 Mindjet 软件,如图 2.28 所示,包含"注册"与"登录"两项。

图 2.28 注册与登录

(1)点击"Sign Up",则进入"注册"页面,按提示填写"First name"、"Last name"、"E-mail"和"Password"四项内容则注册完成。

(2)点击"Log In",则进入"登录"页面,只需输入邮箱名和密码即可登录。

2.用户主界面

登录后,用户的主界面如图 2.29 所示,其中包含用户已有的文件夹以及 map 文件,只需点击即可进入相关的界面。点击 map 文件进入思维导图编辑界面,如图 2.30 所示。

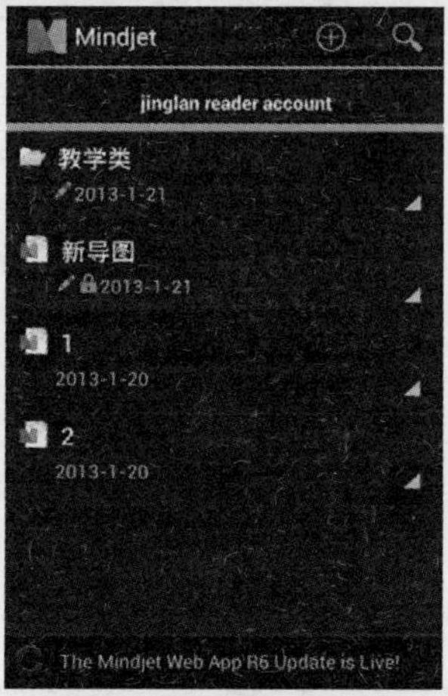

图 2.29　用户主界面

(1)新建图标:点击会有“New map”和“New folder”两选项出现,分别用于新建思维导图和文件夹。

(2)搜索图标:可以通过输入文件名快速搜索并打开软件里的 map 文件。

(3)文件操作图标:是对文件的操作,其中包括标记最爱、删除、复制、重命名、建立手机桌面快捷方式等操作。

(4)由于 Mindjet 不同客户端是在云环境中运行的,因此操作能够保存并自动进行数据的同步。另外,在对文件操作时,用户可以使用“check out”锁定自己想操作的图并进行修改,然后通过“check in”将修改保存并解锁,便于其他客户端的用户进行操作,由此实现共同构图的功能。

3. map 编辑界面

图 2.30 是打开一个 map 文件后的操作界面(若是建立一个 New map,界面中间部分则只有一个圆角矩形,作为此图的中心点)。

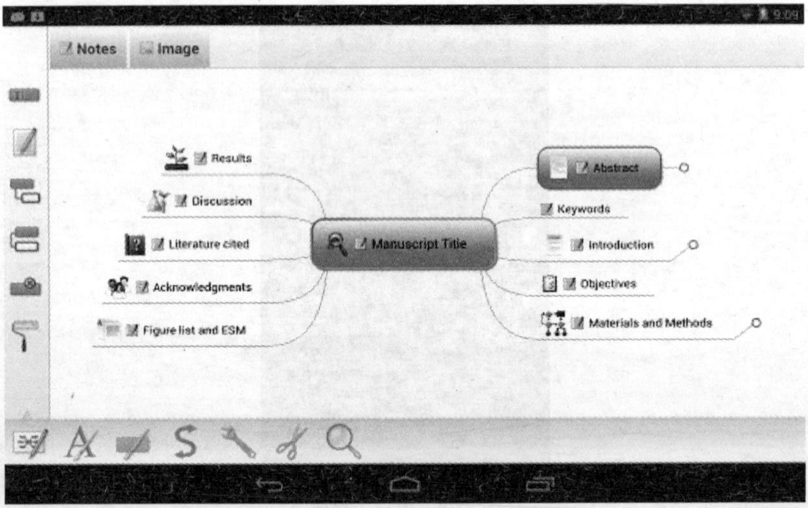

图 2.30　map 编辑界面

在 map 编辑主界面上,我们可以看到左侧和下方各有一排图标选项,其中,下方的图标从左至右分别是架构、文字、边框、关系、设置、裁剪、缩放七个工具,而左侧的图标则是这七个工具的展开选项。

(1) 架构工具

架构制作工具共包含六个操作,即"文本编辑(Edit text)"、"注解编辑(Edit note)"、"添加子主题(Add subtopic)"、"添加同级主题(Add sibling)"、"删除主题(Delete topic)"和"背景编辑(Edit background)",如图 2.31 所示。

图 2.31　架构工具包含的六个操作

“文本编辑”用于编辑主题的文本内容；“注解编辑”用于编辑注解中的文本内容；“添加子主题”用于在已被选中的主题中添加下一级的标题，实现从属或引出关系；“添加同级主题”用于在已被选中的主题上添加同一级别的标题，实现并列关系；“删除主题”则是删除已选中的标题；“背景编辑”可用于编辑整幅思维导图的背景颜色和亮度。

(2) **文字工具**

文字工具也包含了六个操作项，分别为“颜色”、“放大”、“缩小”、“粗体”、“斜体”和“加中横线”，运行其各自功能即可对所选文字进行相应的编辑。

(3) **边框工具**

边框工具同样有六个操作项，分别为“颜色”、“形状”、“图片”、“标记”、“格式”和“链接”。其中，“图片”是在主题需要添加图片时使用的工具，可以从内存中选取，也可以直接拍摄照片来添加。“标记”则是在需要的时候，给主题添加数字、箭头、旗帜等图标来表达用户所想表示的顺序、主次、方向等意思。“格式”则是为用户提供主题样式的编辑功能，包括圆角矩形、椭圆、下画线等多种已有的格式，可以为用户节省编辑时间。“链接”则可以添加网址、图片、多媒体等链接。文字工具和边框工具两部分有一个图标，点击图标则可以对所有主题进行同步操作，使每个主题的格式都相同。

(4) 关系工具

关系工具包括“添加关系”、“解除关系”和“格式”三项。

例如，以简单的图示为例，在教育技术与理论发展之间建立关系和解除关系，如图 2.32 和图 2.33 所示，关系就会多一条可编辑的曲线，两端有可拖拉的圆圈，在“Style”中还能编辑曲线的箭头方向及曲线的颜色。

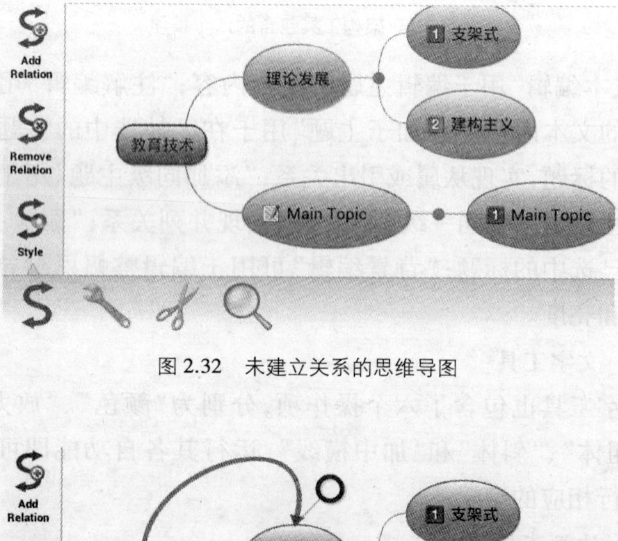

图 2.32　未建立关系的思维导图

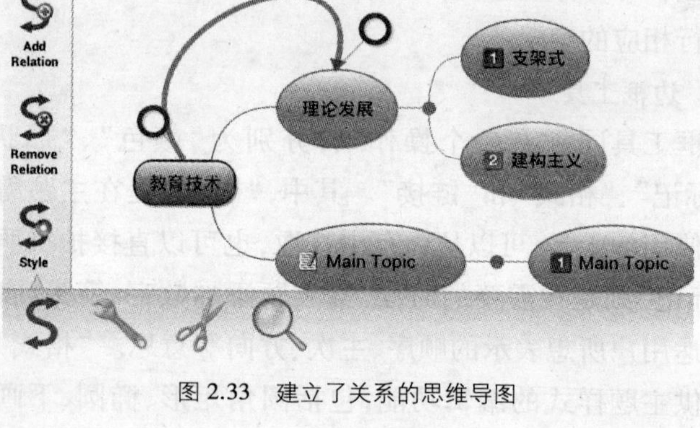

图 2.33　建立了关系的思维导图

(5) 设置工具

设置工具部分包含“输出”、“显示迷你工具栏”、“双击操作”、“显示手势面板”、“撤销”和“帮助”。

①“输出”:将 map 以文件、图片或者文本的格式输出,可以上传到邮箱、Dropbox、微博、人人网等一切支持文件上传的网络上。

②“显示迷你工具栏”:点击之后,主操作界面右下角会出现、、三个图标,分别是手势面板、删除主题和添加子主题三个操作键。

③“双击操作”:点击后会出现三种情况,分别为

、

、

,在图标显示情况不同时,双击主题将产生不同的作用,依次为文本编辑、添加同级主题和添加子级主题。

④“显示手势面板”:点击后会出现一个手势面板,在这个面板上可以用手画出不同的图案,表示自己想要的不同操作。

⑤“撤销”:撤销上一步的操作。

⑥“帮助”:若对操作或者软件有疑问,则可点击帮助进入网站进行查询。

(6) 裁剪工具

裁剪工具则相对简单,包含“剪切”、“复制”、“粘贴”、“上移”和“下移”五个操作。

(7) 缩放工具

缩放工具包含以下几个主要操作:

①“搜索”:在打开一个 map 文件的情况下搜索另一个 map 文件。

②“放大”与“缩小”:将整个思维导图放大或缩小,此操作也可通过两个手指在屏幕上拉伸来实现。

③“正常大小”:恢复标准的 1∶1 正常比例大小。

④“瓦解所有子主题”:将选中主题所在级别主题的所有子主

题全部瓦解和隐藏。

⑤“展开所有子主题”:将选中主题所在级别主题的所有子主题全部展开和显示。

4. Task 模块

Mindjet 的网页版以及 iOS 版还有另外一个功能模块——Task 模块,这在 Android 版中是没有的。Task 模块包括三个子模块:Searches、Projects 和 Connections。

(1) Searches 模块

点击进入 Task 页面后,在左边栏看到的第一个就是 Searches 模块,它是用来搜索 Task 里面的任务列表的。点击 Searches 右侧的“+”号,则可以通过输入任务名所含词语、为谁设计、由谁创建等条件来快速搜索到想要查看的任务。在 Searches 下面有“我的任务”、“最近动态”、“等待中任务”和“今日到期任务”四个条目,可以点击进去自行查看对应的任务。

(2) Projects 模块

Projects 模块是一个由一人或多人分享的任务表工程,通过“+”能够添加一个新的 Project,在 Project 中能够自行添加成员、设置任务、显示/隐藏任务等。

(3) Connections 模块

Connections 模块是通过邮件邀请他人加入本人的 Mindjet 任务联系人列表中,以便团队协作与资源共享。

(4) 具体任务操作

每一个具体的任务都能够查看和设置,如图 2.34 所示中的“Invite Friends to Mindjet”,打开任务后如图 2.35 所示。

图 2.34　任务列表

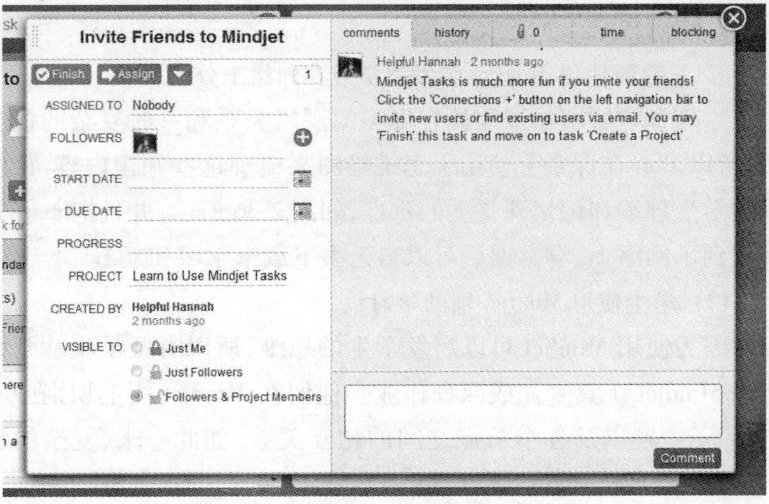

图 2.35　任务窗口

Task 任务模块的优势在于可以进行团队协作，可以通过邀请多个成员来协作完成任务。

在图 2.35 中，左侧是任务设置，可以通过“ASSIGNED TO”给组员分配各自所需完成的任务，“START DATE”和“DUE DATE”用来设置开始时间和截止时间，“VISIBLE TO”可以选择可看到的人群以免泄露隐私问题。

右侧是任务编辑区，能够书写文字内容、历史记录、添加附件、时间跟踪以及完成此任务前需完成的任务。

2.3.3 经典案例——大学教师与学生在课程中使用 Mindjet[①]

1.背景

Bob 是加拿大瑞尔森大学营养学学院的生理学与解剖学教员，他所教的课程包含许多错综复杂的概念。

2.使用过程

(1) 教师使用 Mindjet 辅助教学并在网络上分享

生理学与解剖学课程具有很强的逻辑关系和一些复杂的概念图，所以 Bob 在课堂上使用了思维导图来梳理这些知识内容，帮助他的学生理解和记忆课堂上的重点，如图 2.36 所示，并且把 map 文件放到了网络上，学生课后可以自己去下载来学习和复习。

(2) 学生使用 Mindjet 辅助学习

因为使用 Mindjet 可以启发学生的思维，所以有些学生就开始使用 Mindjet 工具来完成课程作业。他们在 Mindjet 图上识别中心主题、子主题以及各个节点之间的相互关系，如此一来，复杂的学

① http://www.mindjet.com/whymindjet/customers/casestudies/cases/RyersonUniversity_FNL.pdf.

习内容就变成结构明了、关系清晰的内容了，他们的理解力和记忆力也随之提高了。

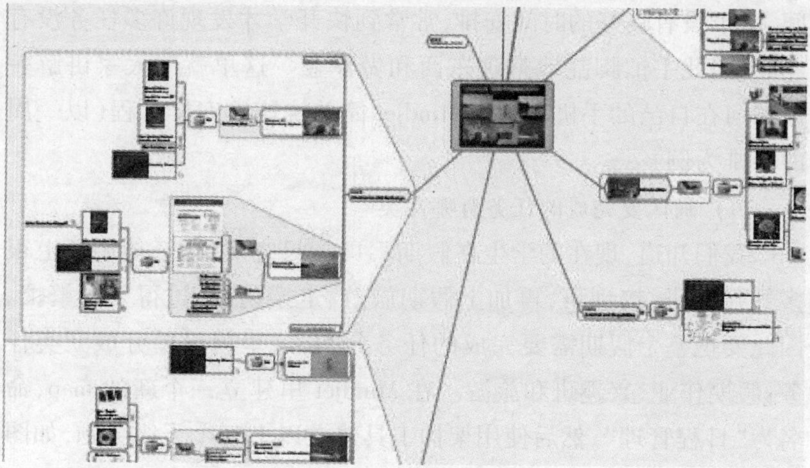

图 2.36　教师使用思维导图来辅助教学

（3）交流讨论

由于 Mindjet 具有网络同步的功能，它就像一个虚拟的协作工作区，因此学生可以在网上与同学、老师一起讨论问题，分享成果。

3.成果

在 Bob 的课堂上，学生回答简短问题的能力明显增强，对知识架构的理解能力也提升了。此外，学生还使用思维导图来管理自己的其他课程和大学生活。制作思维导图的过程让学生更加确信自己所学的东西是正确的，思维也更有逻辑性。Bob 说有的学生制作的图甚至让他都觉得诧异，太完美了。

2.3.4　案例设计

1.学生使用 Mindjet 进行假期日程管理

根据 Mindjet 的功能和特点，学生可以将 Mindjet 应用到日程管理中。做一个周工作计划或者日工作事务处理计划，将其转换成为能够为我们服务的一项工具。例如学生放寒假或者暑假期间，由于没有良好的时间安排，常常到快开学才发现许多任务没有完成，因此手忙脚乱地整理东西和做作业。这里就向大家讲解一下如何在自己的手机里利用 Mindjet 简单快速地安排日程（以一周的安排为例）。

(1) 确认要完成的任务有哪几类

我们知道，现在的学生在假期不可能只完成作业，他们还上很多的兴趣班、培训班，再加上假期旅游、走亲访友，过得十分繁忙。因此要把整个假期需要完成的任务分类，这里就简单分成三类任务：假期作业、兴趣班和旅游。在 Mindjet 里建立一个新的 map，命名为"日程管理"，然后使用架构工具建立以上三个子级主题，如图 2.37 所示。

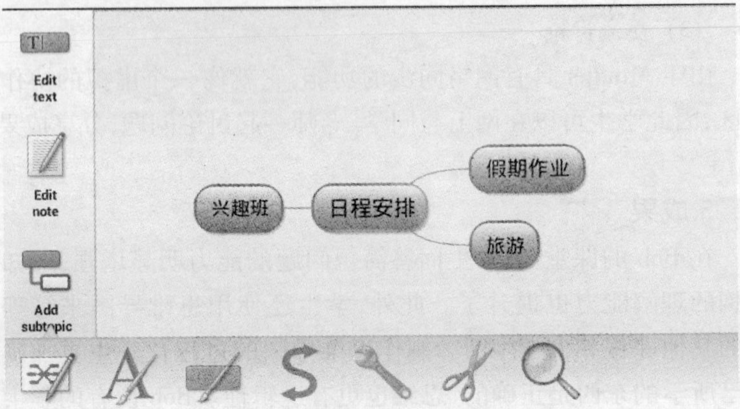

图 2.37　日程管理下的三类主要事务

(2) 每类事务下的主要类别（以兴趣班为例）

由于兴趣班不会很多，这里就以钢琴和花卉为例，在兴趣班下建立这两个子主题即可，并添加注释，写明上兴趣班的时间。可以调整一下边框的大小、形状等以示主次，如图 2.38 所示。

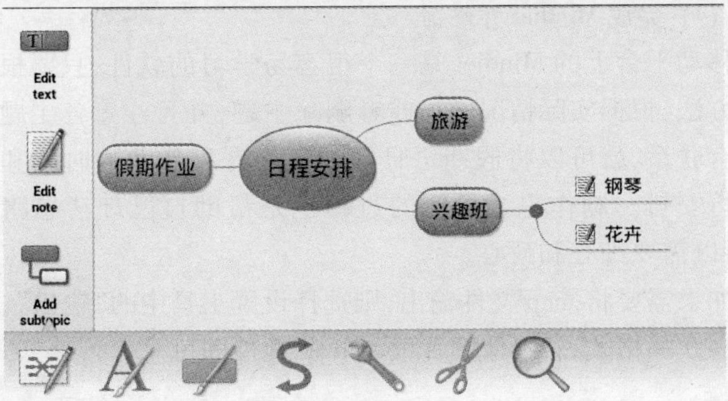

图 2.38　兴趣班类别

(3) **内部关系的处理**

兴趣班、旅游和作业等可能会由于时间、内容等原因产生冲突,因此要事先注明应该注意的事项。

例如,由于旅游时间不确定,可能和兴趣班上课的时间产生冲突,因此要使用关系工具中的“添加关系”来注明标出,并注释记得请假,如图 2.39 所示。

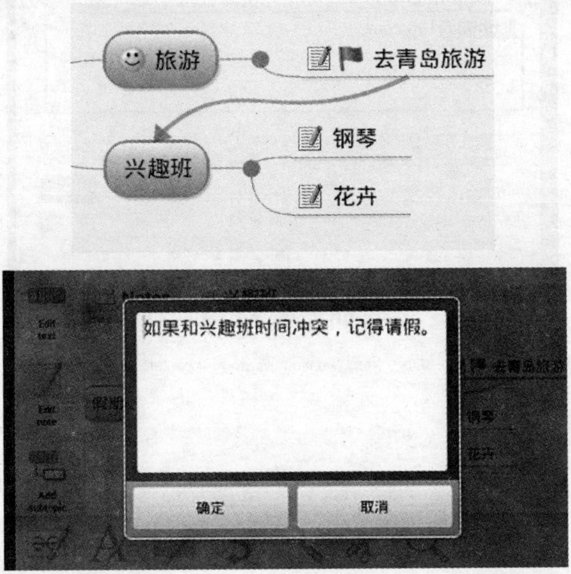

图 2.39　关系处理

(4) 完成 Mindjet 并修饰

移动平台上的 Mindjet 是一个很容易学习的软件,只要根据上面的方法,根据实际情况增加或者删除主题,并且注意各主题之间是否有联系,就可以将假期每日完成各门课程作业的时间和作业量进行安排。制作思维导图的过程也是帮助自己理清思路的过程,所以需要细心和耐心。

如果需要将 map 文件输出,则选择设置工具中的“输出”,选择自己喜欢的格式,转换成图片或者 map 文件即可。

2. 使用 Mindjet 进行团队协作完成任务

(1) 添加联系人

在 Mindjet 中进入 Task 模块,点击 Connetions 的“+”按钮,如图 2.40 所示,输入对方的邮箱地址 jlsun90@163.com,邀请联系人加入,邀请成功后就能看到加入的联系人,如图 2.41 所示。

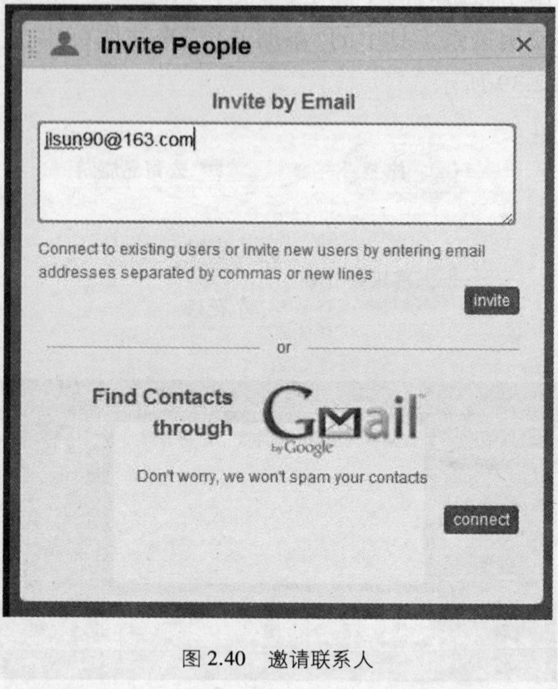

图 2.40 邀请联系人

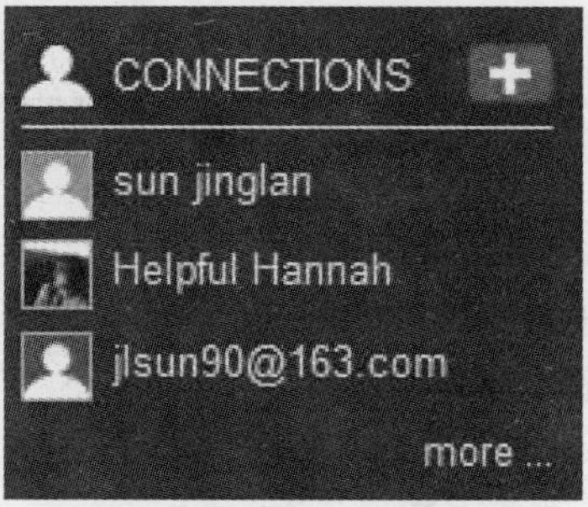

图 2.41　已邀请成功

(2) **创建和安排任务**

鉴于是团队合作，可以选择在 Projects 里点击"+"来创建工程"研究方法综述"。点击"+Members"从联系人中挑选 jlsun90@163.com 来加入这个任务，然后为这个工程添加两个任务，如图 2.42 所示。

图 2.42　添加两个任务

点击任务名称，进入任务设置窗口，如图 2.43 所示，通过"ASSIGNED TO"选择组员，将任务分别分配给自己和另一个组员。

在任务右侧的编辑区编辑该任务的详细内容,如图 2.44 所示。

图 2.43　分配任务

图 2.44　编辑任务详情

这样每个人都能在自己的 Searches 模块的 My Task 中看到自

己的任务，如图 2.45 所示，表明任务分配成功，可以各自开始自己的任务。

图 2.45　任务分配成功

(3) **协作完成任务**

组员只要在自己的 My Task 里就能找到自己的任务。完成任务后，可以在 Comments 里发表自己的观点，也可以将自己的文档或者相关资料通过附件上传上去，完成后标记为 Finish，让组员知道任务完成的进度，最后综合结果即可。

2.3.5　结语

从以上的案例分析中我们可以看出，Mindjet 在教学、工作和生活领域都存在着巨大的应用潜力。尤其是在教学环境中，将其作为一种教学辅助软件不失为上策，它在锻炼学生自主学习、逻辑思维能力等方面有着不可忽视的作用。此外，任务分配功能完全可以支持团队协作，有利于学生课后的合作学习。

在教育技术迅速发展的今天，我们应该积极地将 Mindjet 应用软件与移动学习、教学理论等相结合，帮助教师和学生获得更好的教学效果。同时，也应将新兴的信息技术融合到我们的工作和生活中，提高我们的生活质量。

第3章 在线学习

在线学习是通过互联网或手机无线网络,在一个网络虚拟教室或其他虚拟环境中进行网络授课、学习的一种方式。本章将介绍网络公开课、Pocket、Google Translate 以及微博这四种实用的在线学习软件,通过讲解这些软件的功能、操作方法和教学案例等,引导读者了解和熟悉在线学习软件,以期在其学习、生活和工作中有所帮助。

3.1 网络公开课

随着全球网络技术的迅速发展,在网络上共享教学视频等教学资源已经成为一股热潮,网易公开课、MOOC 课堂、可汗学院等一系列的网络公开课已经为许多学习者所用,网络公开课席卷全球。

网易公开课和可汗学院有网页版和移动客户端(Android 和 iOS)两种类型,MOOC 课堂前还没有 Android 版本。下面我们详细介绍网易公开课和可汗学院两种应用比较广泛的网络公开课。

3.1.1 网易公开课

1. 简介

网易公开课是网易在 2010 年推出的一项“全球名校视频公开课项目”，是真正惠及我国网民的网络视频共享区。首批上线的公开课视频来自哈佛大学、牛津大学、耶鲁大学等世界知名学府，内容涵盖人文、社会、艺术、金融等领域，其中有 200 多集配有中文字幕。2011 年，网易公开课上正式推出了我国的大学视频公开课，首批上线的有 20 门国内大学课程，覆盖信息技术、文化、建筑、心理、文学和历史等学科，这些课程分别来自北京大学、清华大学等十余所国内著名的高等院校。

2. 功能

网易公开课是一个规模相当庞大的网络视频课程学习平台，它为用户提供的功能是非常强大的。

(1)课程推荐。在网易公开课的主页有课程推荐模块，播放最新或者热门课程的滚动图片。

(2)在线视频课程播放。无论是网页版还是移动版的网易公开课，在较好的网络环境下都能播放页面上的视频课程，让用户能随时随地学习，但因为视频资料花费的流量较多，建议在 WiFi 环境下播放。

(3)视频下载。网易公开课上的视频有很多是支持下载的，均为 MP4 格式。

(4)随堂定点笔记。在观看视频的过程中，若想做笔记，只需暂停视频，就能记录下该时刻想记录的笔记，并能选择是否将笔记公布在网络上。

(5)个人课程学习与计划。网易公开课中具有用户个人的课程收藏、学习进度跟踪、学习提醒以及安排学习计划等功能。

(6)网页版与手机版数据同步。网易公开课对不同客户端支持数据同步,只要是同一个账号登录,其中的播放记录、课程学习等数据就是同步的,用户不必因地点、客户端的不同而担心数据不同步。

3.操作

网易公开课的网址为 http://open.163.com/,有客户端的下载链接。若不注册登录账号,则只能观看课程视频,而不能进行其他操作,因此建议使用者注册一个个人账号。注册时点击右上角的“免费注册”,根据指示操作即可。下面介绍网易公开课上一些重要的操作。

(1) 课程学习

①收看在线课程

用户通过主页面上标签栏中的学科分类,如图 3.1 所示,或者学校选项,如图 3.2 所示,来选择自己想观看的课程视频,也可以直接在右上角的搜索栏中搜索课程名称。若对课程不太了解,则可以将页面往下拉,根据下面的具体分类、图片简介来挑选课程视频进行观看和学习。

图 3.1　学科分类标签

图 3.2　学校分类

②课程下载与收藏

有些提供下载的课程,点击课程列表每一集后面的“视频下载”,或者视频窗口下面的“下载本课时”选择保存路径,即可进行下载。同样,点击“收藏本课时”,就能将课程收藏到“我的云课堂”的“收藏”中。

③随堂笔记

点击视频窗口右上角的“笔记”，视频就会暂停，这时可以做笔记。“我的笔记”能够记录下此时视频播放的时间和用户信息。另外，用户能在“最优笔记”和“最新笔记”中阅读其他人对视频做的相关笔记，共享观看视频的心得，如图 3.3 所示。

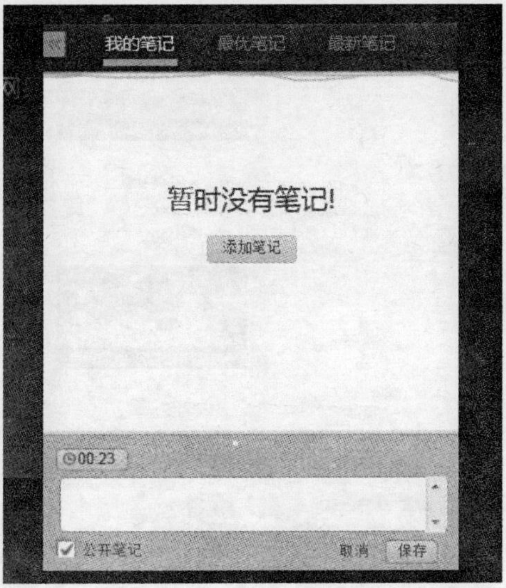

图 3.3　随堂笔记

④播放进度记忆

网易公开课能够对用户播放过的视频记忆进度，支持断点续播。帮你记录每一视频的播放进度，下次再观看时能从上次停止收看处继续播放。

⑤字幕与翻译

许多视频配有英文与中文字幕，观看时能自行选择字幕显示与否。如果发现字幕有错，可以在视频下方点击“字幕指错”来指出错误。此外，网易公开课是面对广大观众招聘字幕翻译的，若用户有能力和意愿为网站中的视频翻译，是网站管理者与观众都求之不得的事情。

(2) **我的云课堂**

“我的云课堂”是网易公开课中的同步功能所在，用户在这里可以安排“我的课程”和“我的计划”，对自己的学习进行规划和监督，让网络学习更有效。“我的云课堂”页面如图 3.4 所示。

图 3.4　我的云课堂主页面

①个人学习界面

在“我的学习”中，有对应用户个人的学习提醒、我的课程和我的计划，用户可以在里面添加学习对象、记录学习进度。

②笔记和问答

在笔记一栏，用户能够查看和编辑自己做过的学习笔记。问答一栏则是关于自己提出、回答、关注问题的列表，用户可以随时查看和编辑。

③收藏课程与计划

用户可以点击课程或者计划介绍页面右上角的“五角星”，将课程或者计划收藏到“我的云课堂”的“收藏”中，以便今后查看和学习。

④发布新计划

用户若有关于某观点或者某知识点的学习计划，可以在“发布”中创建新的学习计划，供其他用户学习和参考。

3.1.2 可汗学院（Khan Academy）

1. 简介

可汗学院（Khan Academy）是由萨尔曼·可汗创立的，它将课程的讲授过程以电子书写板的形式展示在网络平台上。可汗学院提供的是免费的自制网络教学影片，影片都是以荧光黑板为基础，边书写边配音讲解相关的知识点。目前，已经有数学、历史、金融、化学、物理、生物、天文学等多门科目的教学视频，主要针对的是中学课程。

可汗学院提供的这种快捷、便利的视频教育资源旨在让学生更自主、更快速地学习。现在可汗学院已扩展了课后练习模块和供用户上传视频及其他资源的教师模块。可汗学院已有较成熟的网页版和 iOS 版本，Android 版本还有待完善。

2. 功能

可汗学院是一个典型的网络公共课平台，与现代人快节奏的学习和生活相得益彰，具有以下几个主要的功能：

（1）供学习者观看和下载数学、历史、金融、化学、物理、生物、天文学等多门科目的相关教学影片。

（2）提供课后练习模块，学习者能对所学内容进行及时的练习和反馈。

(3)在教师指导模块增加课程,教师可以邀请学生来加入自己的课堂,并关注学生的学习与反馈情况。

(4)一些语言基础较强的志愿者可以在志愿者模块将网站上的课程内容进行翻译,以便其他用户观看和学习。

(5)为用户提供交流讨论的环境,用户能够回顾所学到的知识点、交流心得和探讨疑惑等。

3. 操作

可汗学院的官网链接为 https://www.khanacademy.org/,其主页面如图 3.5 所示,用户无需注册也能够观看可汗学院的教学影片,进行基本的操作,但是若要在 COACH 模块进行操作,则必须注册一个账号并自行登录。登录后呈现用户界面,用户能够对个人的信息、学习内容与进度等进行管理。

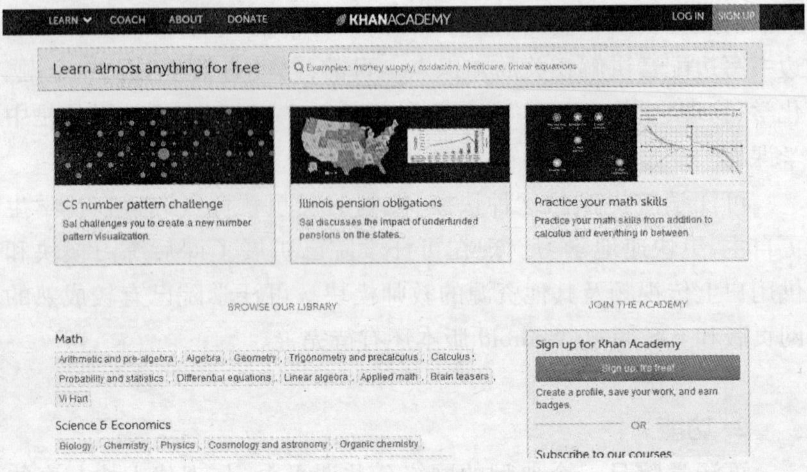

图 3.5　可汗学院的主页面

(1) 观看教学影片

可汗学院的主体在于"WATCH"模块,其中包含成百上千的教学影片,用户在可汗学院中学习的主要过程和途径是观看这些教学影片。用户可以点击右上角的下拉菜单,选择知识点进行观看学习，如图 3.6 所示，也可以在主页面上找到相应的知识点，如图 3.7 所示。

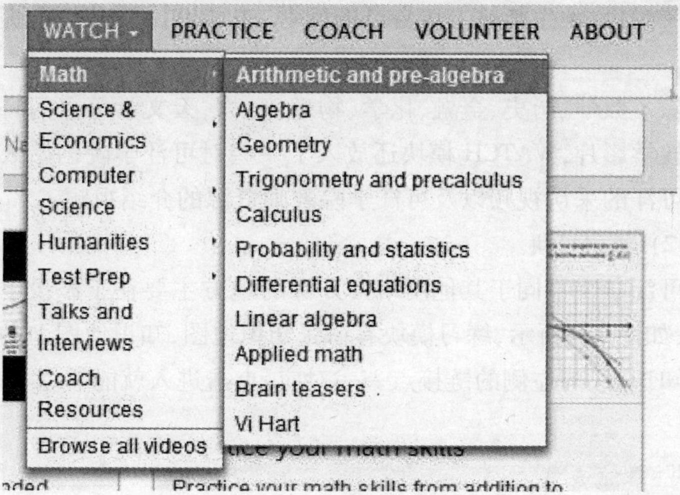

图 3.6　下拉选择知识点

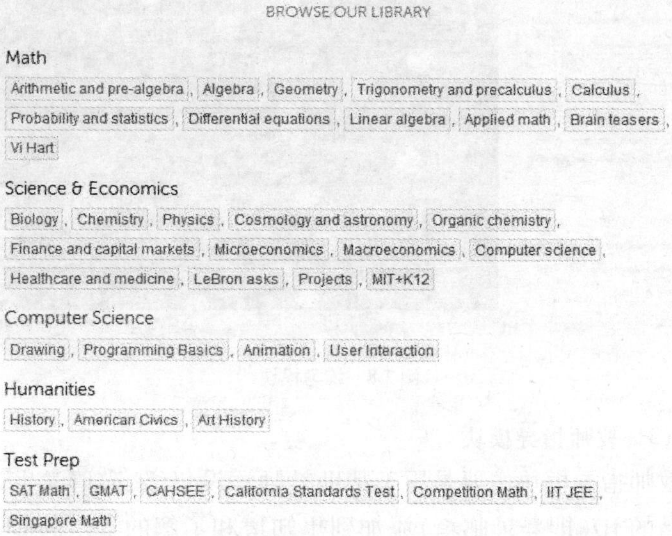

图 3.7　主页上的知识点链接

教学影片中包含必要的图片、荧光色的手写字体和同步配音，所有影片都可供下载和在网络上分享。每段教学影片下面有提问和反馈栏目，学生能够上传自己的问题，也能够回答其他人提出的问题。

除了数学、历史、金融、化学、物理、生物、天文学等多门科目的相关教学影片，WATCH 模块还放入了一些对可汗学院创始人萨尔曼·可汗的采访视频以及可汗学院教师资源的介绍视频。

(2) **练习模块**

可汗学院不同于其他网络公开课的地方主要在于添设了练习模块，如图 3.8 所示，练习模块有一张知识地图，知识地图上的节点就是知识点，与左侧的链接点一一对应，点击进入就能够练习。

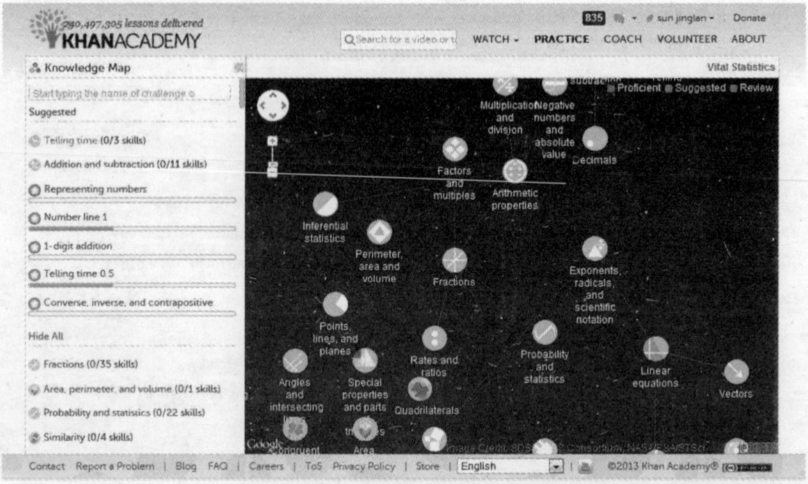

图 3.8　练习模块

(3) **教师指导模块**

教师指导模块主要是用于帮助教师添设班级、邀请学生，教师将自己的 ID（即登录邮箱）添加到想知道和了解的学生的 COACH 列表中，这样就可以看到该学生在可汗学院中的个人数据，包括观看了多少视频、完成了哪些练习等。此模块可以用于辅助传统教学。

(4) **志愿者模块**

志愿者模块是为语言能力较强且热心的用户提供的服务页面,他们可以对可汗学院的课程视频进行翻译,以便其他用户观看和学习。

(5) **用户个人管理**

在用户个人管理界面上,用户可以看到自己已完成的任务,以此为依据合理安排在可汗学院的学习。系统还会自动分析用户每天在可汗学院网站中的使用情况和活跃程度,这样用户就能够了解自己的学习进度、学习状态,督促和调整自己的学习。

另外,个人管理还包括普通的信息管理、个人设置等。

3.1.3 经典案例[①]

可汗学院应加州洛斯拉图斯市的卡温顿小学全体家长的要求,率先在五年级和七年级开展可汗学院视频教程实验,实验的方案按可汗学院设计的路径展开。传统的课堂是学生白天在教室听教师讲课,晚上在家完成作业。可汗的课堂则是学生晚上在家面对视频自主学习,白天在教室做练习;教师们通过可汗学院的功能模块监控学生们的学习状况,从而辅导有困难的学生,这就颠覆了传统的教学流程。这种教与学时空颠倒的课堂模式,让教师有更多时间与学生互动并帮助和激励他们。有美国媒体报道说,在加州洛斯拉图斯学区使用可汗学院视频教程来翻转课堂进行混合教学后,七年级学生的数学成绩得到了大幅提高,有41%的学生达到"先进"或"精通"水平,同比增长23%。

---

① http://blog.sina.com.cn/s/blog_6fe778e70101cwvf.html.

3.1.4 案例设计

1. 大学生在网易公开课学习 Dreamweaver 8 网站开发基础

计算机相关专业都开设 Dreamweaver 这门课程，但是由于大学课程的学习时间有限，教师讲解也比较粗略，如果学生课后不加强复习就很难学到较深入的知识。恰好网易公开课上有这门课程的教学视频，学生就可以利用这一资源优势在网易公开课上课，然后自主学习。

首先，在网易公开课上搜索 Dreamweaver 8 网站开发基础这门课程，并把它加入"我的课程"中，点击"开始学习"，如图 3.9 所示是进入课程学习后的界面。

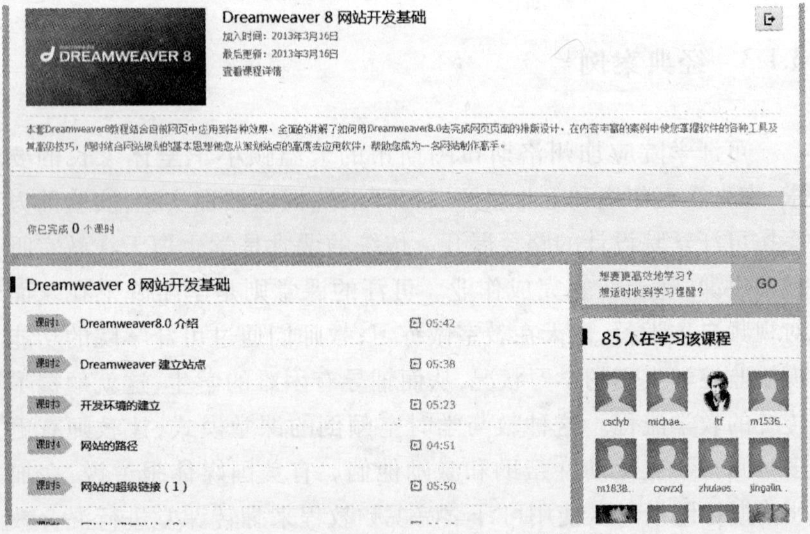

图 3.9 进入 Dreamweaver 8 课程学习后的界面

然后根据教师上课的进度或者自己的能力范围，利用空闲时间在网易公开课上进行相关课时的学习。由于个人学习数据在不同的客户端上是同步的，所以用户在身边没有电脑时，也可以安装手机客户端随时随地观看教学视频。

利用网易公开课来辅助传统教学，不仅可以弥补传统课堂上遗漏的知识点，还能让学生更好地利用闲暇时间来学习。

2. 在可汗学院中自学并练习“因数和倍数”知识点

在 Math 下选择 Arithmetic and pre-algebra，然后选择 Factors and multiples（因数和倍数），观看完其中的教学影片后，点击 

按钮，即进入课后练习页面。

例如，题目如图 3.10 所示，“13 的因数是多少？”

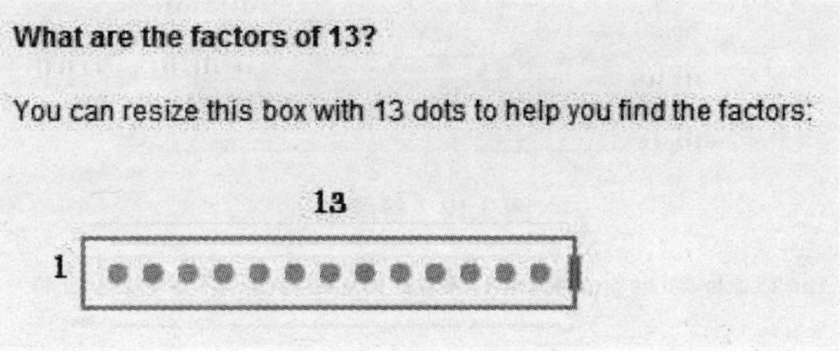

图 3.10　因数与倍数练习题

可以用鼠标点住右侧的小竖条将长方形框拖动来帮助思考，如图 3.11 所示。

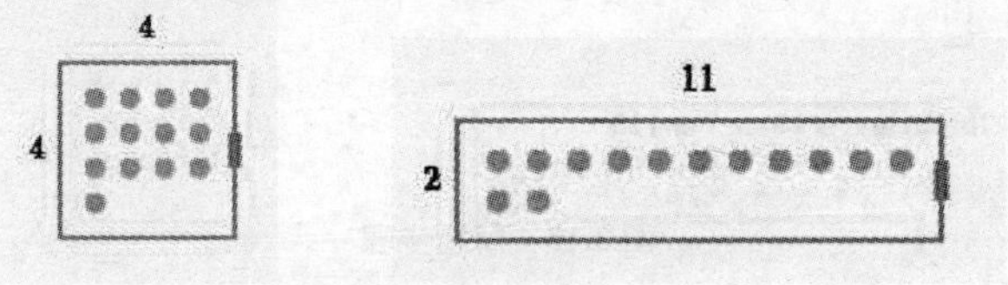

图 3.11　拖动帮助思考

在界面右侧有一答题栏，如图 3.12 所示，思考完之后可以在这里输入和检验答案。例如依次输入答案 1 和 13，点击“Check Answer”，显示正确，可进行下一题。与此同时，每个题目都有具体的解题步骤，点击后会分步显示，如图 3.13 所示。

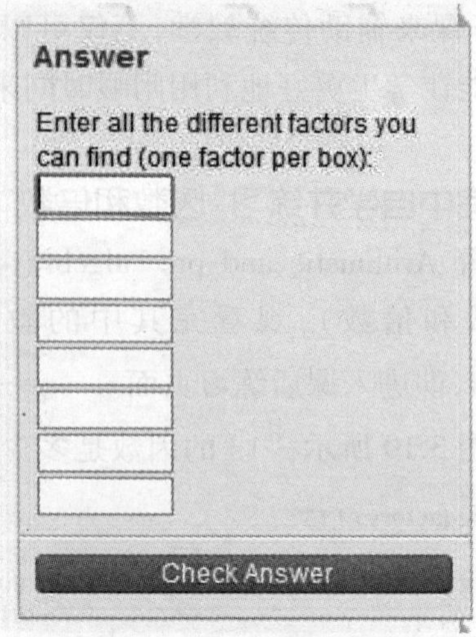
Answer
Enter all the different factors you can find (one factor per box):
Check Answer

图 3.12 答题栏

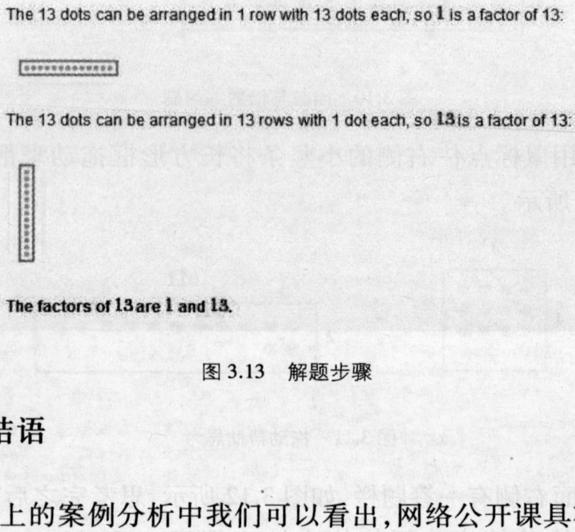
The 13 dots can be arranged in 1 row with 13 dots each, so 1 is a factor of 13:
The 13 dots can be arranged in 13 rows with 1 dot each, so 13 is a factor of 13:
The factors of 13 are 1 and 13.

图 3.13 解题步骤

3.1.5 结语

从以上的案例分析中我们可以看出，网络公开课具有丰富的教学影片等教学资源，而且使用起来简单、便捷。简短的授课视频、课程计划，及时、详尽的课后习题都体现了自主学习的优势。若我们在传统教学的课前课后都加以利用这些教学资源，甚至在日常的课堂中也加以恰当地利用，相信一定会收到良好的教学和学习效果。

3.2 Pocket

当我们浏览网页看到好的文章或者其他信息时,但是又专注于别的事没空细看,这时的你会怎么做?当在 PC 端使用浏览器的时候,我们肯定会习惯性地直接添加到收藏夹中,等有空了再从浏览器打开书签慢慢看,那在移动端呢,你还这么做吗?

Pocket 就是基于这样的一个应用,可以让我们把暂时还没有时间看的文章先收藏起来,如把我们在优酷上暂时来不及看的视频先保存起来,把我们喜欢的图片先保存下来,等有时间时,无需打开浏览器或者优酷或者看图工具,直接从 Pocket 应用平台中就可查看所有想要阅读的文字、想观看的视频和想欣赏的图片,让阅读、观看视频和欣赏图片变得十分方便。

2012 年 Google 已经公布五种安卓最佳应用软件,其中之一就是 Pocket。Pocket 应该不算是非常热门的应用,但它完全是靠着实力上榜,在这里有必要介绍给读者。

3.2.1 Pocket 简介

Pocket(前称 Read It Later)是一个用于管理互联网文章的应用程序,以前 Pocket 只用于桌上电脑,[①]目前有 Android、iOS 及 BlackBerry OS 等平台的客户端,各种浏览器中也有其附加元件。

Pocket 用户平时可以把想阅读的页面加入 Pocket,等到有时间的时候再通过列表或标签重新打开未阅读完的或者阅读过的但又十分喜欢的文章页面。在电脑版本的 Pocket 中,用户能随时根据加入的标签打开各种页面、视频、图片等;在手机版本中,若某一个网页的来源(如 wikipedia.org)用得比较多,也就是说保存这一网站的文章非常多时,Pocket 可以创建一个类,专门管理这个网站的文章,这样用户就能方便地定位自己的文章。

---

① Ramu Nagappan. Read It Later app now available for iPad. Macworld. June 11, 2010 [December 4, 2011].

3.2.2 使用说明

首次使用 Pocket 需要注册一个账号，以后数据的同步都需要这个账号。Pocket 不能单独使用，主要利用 Android 系统内信息流分享的应用程序接口。当你在用浏览器等应用浏览互联网信息的时候，能够通过分享按钮分享到 Pocket。当再次开启 Pocket 时，那些你来不及看的内容即已收录到 Pocket 中。下面的案例中主要配合 Google 浏览器来使用 Pocket，无论在 PC 端或者手机端都必须先安装 Chorme Google 浏览器，且必须进入 Pocket 网站下载相关的 App。这里以 Pocket 4.3.4 版本为例来进行说明。

1. 注册与登录

下载安装完毕后，打开 Pocket ，进入登录或注册页面，如果在 Pocket 上注册了账号，就可以直接登录，点击 Log in；如果没有账号，则需要重新注册一个账号，点击 Sign up，输入注册的用户名 Username，注册的邮箱 Email 以及密码 Password。

图 3.14 登录/注册图

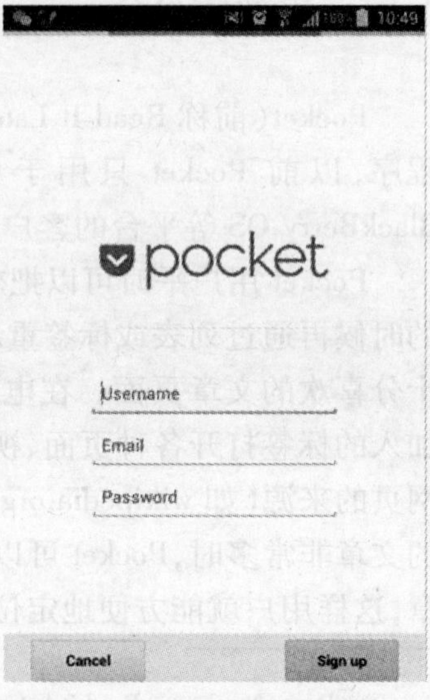

图 3.15 注册界面

注册成功后,登录即显示如图 3.16 所示的界面。登录界面相当于导航的作用。

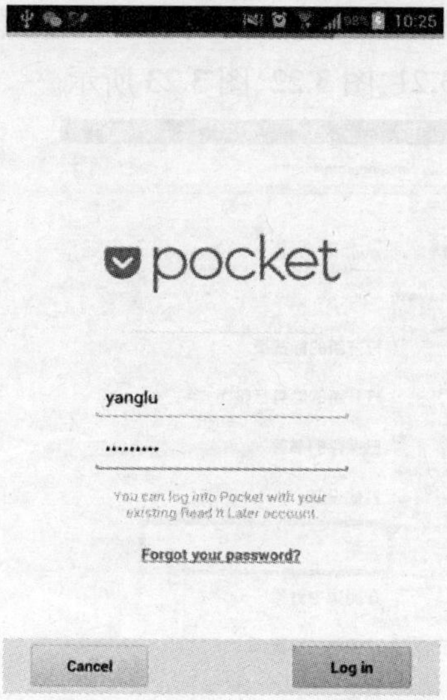
10:25
pocket
yanglu
You can log into Pocket with your existing Read It Later account.
Forgot your password?
Cancel
Log in

图 3.16　账号登录图

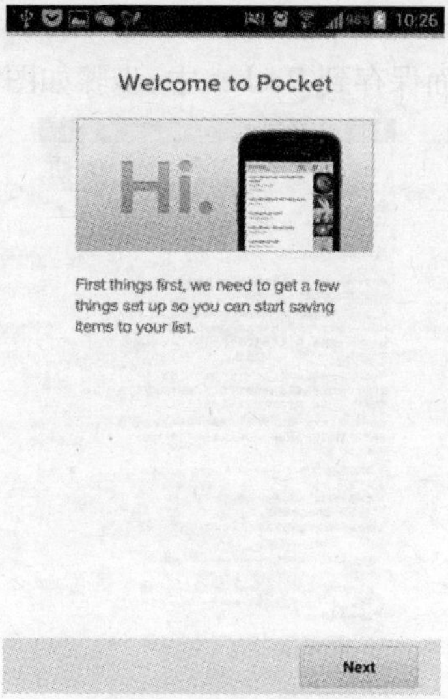
10:26
Welcome to Pocket
Hi.
First things first, we need to get a few things set up so you can start saving items to your list.
Next

图 3.17　登录后界面 1

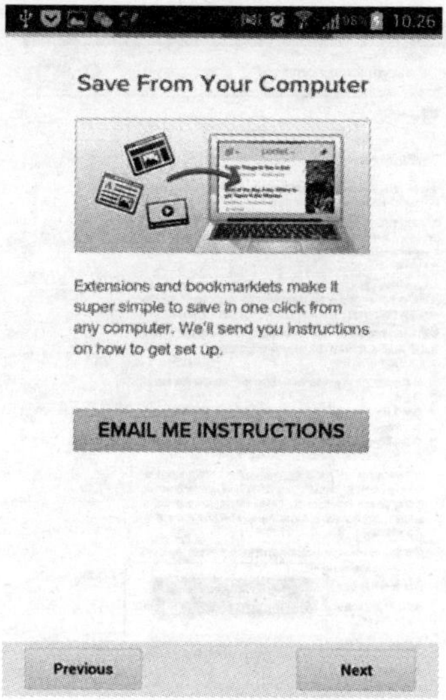
10:26
Save From Your Computer
Extensions and bookmarklets make it super simple to save in one click from any computer. We'll send you instructions on how to get set up.
EMAIL ME INSTRUCTIONS
Previous
Next

图 3.18　登录后界面 2

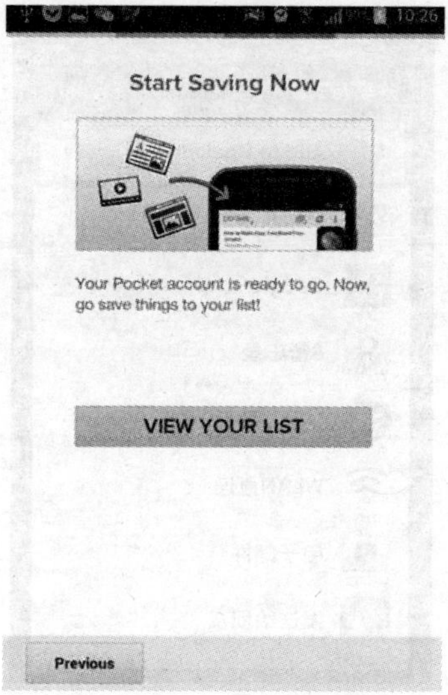
10:26
Start Saving Now
Your Pocket account is ready to go. Now, go save things to your list!
VIEW YOUR LIST
Previous

图 3.19　登录后界面 3

2. 通过 Pocket 保存文章

使用支持 Pocket 的浏览器，此例使用 Chorme Google 浏览器。读者如果正在读某个页面但又没有足够的时间来读完，则可以把该页面保存到 Pocket 中，步骤如图 3.20、图 3.21、图 3.22、图 3.23 所示。

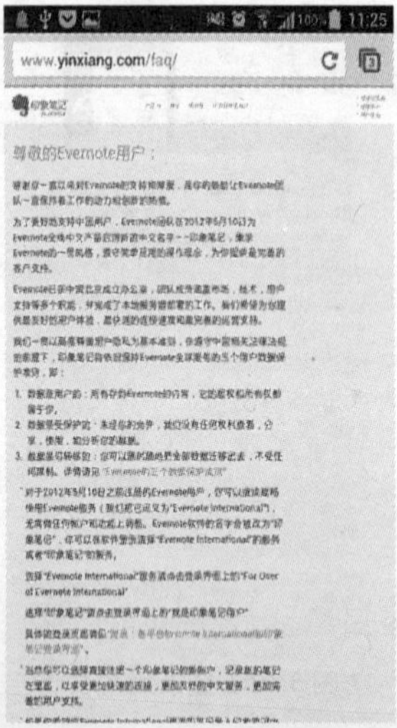

图 3.20　正在浏览的网页

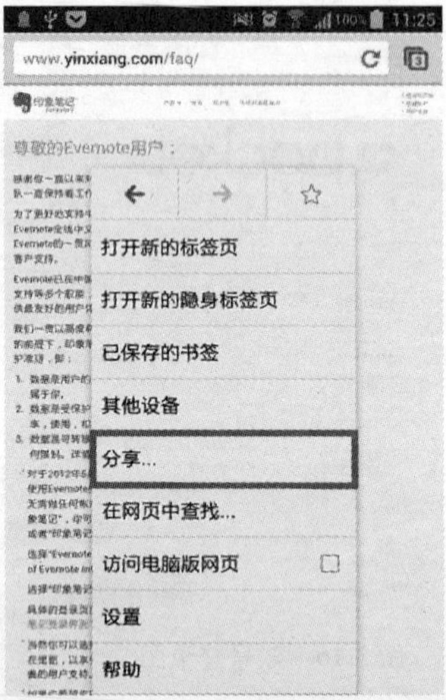

图 3.21　点击分享按钮

图 3.22　选择 Add to Pocket

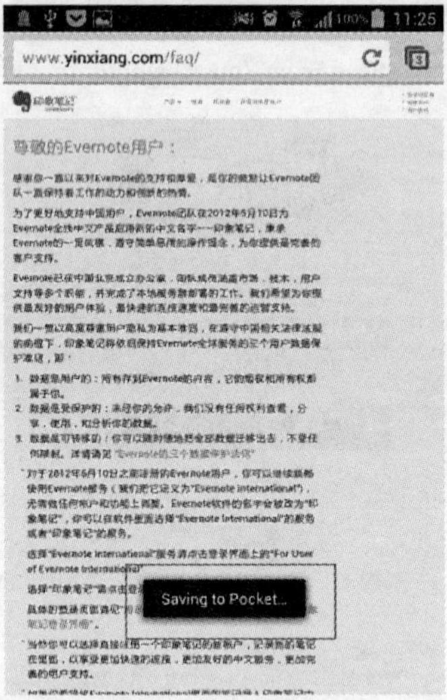

图 3.23　正保存到 Pocket

等到页面上显示 Saved to Pocket，则表明页面保存成功，返回到 Pocket 时就可以看到保存的页面。

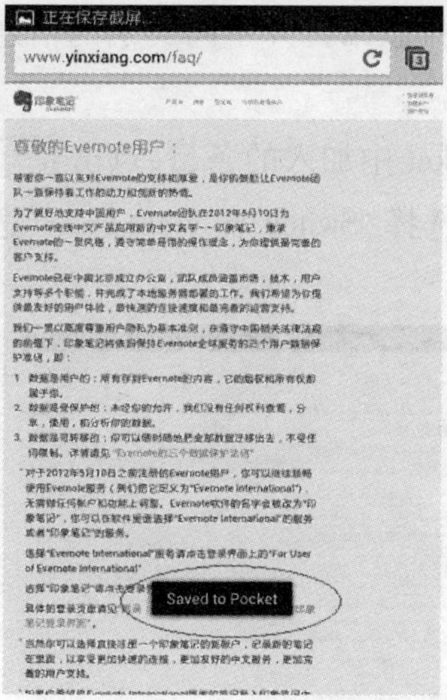
正在保存截屏...
www.yinxiang.com/faq/
尊敬的Evernote用户：
Saved to Pocket

图 3.24　保存成功

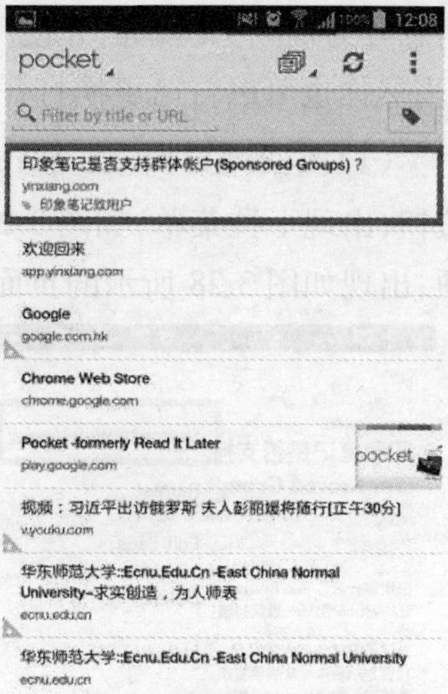
12:08
pocket
Filter by title or URL
印象笔记是否支持群体帐户(Sponsored Groups)？
yinxiang.com
印象笔记数用户
欢迎回来
app.yinxiang.com
Google
google.com.hk
Chrome Web Store
chrome.google.com
Pocket -formerly Read It Later
play.google.com
pocket
视频：习近平出访俄罗斯 夫人彭丽媛将随行[正午30分]
v.youku.com
华东师范大学::Ecnu.Edu.Cn -East China Normal University-求实创造，为人师表
ecnu.edu.cn
华东师范大学::Ecnu.Edu.Cn -East China Normal University
ecnu.edu.cn

图 3.25　Pocket 中出现保存的页面名称

收录到 Pocket 后，点击 Pocket 上的目录就可以浏览刚才保存的内容。

11:31
印象笔记是否支持群体帐户
(Sponsored Groups)？
yinxiang.com
感谢你一直以来对Evernote的支持和厚爱，是你的鼓励让Evernote团队一直保持着工作的动力和创新的热情。
为了更好地支持中国用户，Evernote团队在2012年5月10日为Evernote全线中文产品启用新的中文名字——印象笔记，秉承Evernote的一贯风格，遵守简单易用的操作理念，为你提供最完善的客户支持。
Evernote已在中国北京成立办公室，团队成员涵盖市场，技术，用户支持等多个职能，并完成了本地服务器部署的工作。我们希望为你提供最友好的用户体验，最快速的连接速度和最完善的运营支持。
我们一贯以高度尊重用户隐私为基本准则，在遵守中国相关法律法规的前提下，印象笔记将依旧保持Evernote全球服务的三个用户数据保护准则，即：
1. 数据是用户的：所有存到Evernote的内容，它的版权和所有权都属于你。
2. 数据是受保护的：未经你的允许，我们没有任何权

图 3.26　在 Pocket 中打开保存的页面

3.按钮的作用

信息被收录到 Pocket 以后，Pocket 会自动识别信息的类型，将信息分为视频、文章等，并使用不同的排版来打开不同类别的信息（当然你也可以自己更换打开方式）。

（1）改变浏览模式：首先选中 Pocket 中加入的条目，点击按钮，出现下拉菜单，如图 3.27 所示，选择“Switch to Web View”选项，出现如图 3.28 所示的页面。

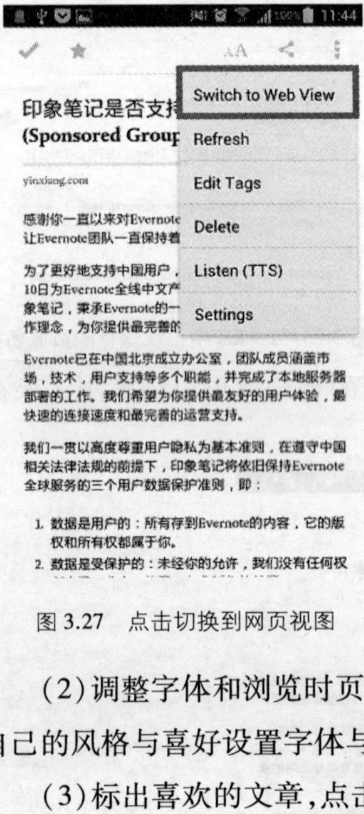

11:44
Switch to Web View
Refresh
Edit Tags
Delete
Listen (TTS)
Settings
印象笔记是否支持
(Sponsored Group
yinxiang.com
感谢你一直以来对Evernote
让Evernote团队一直保持着
为了更好地支持中国用户，
10日为Evernote全线中文产
象笔记，秉承Evernote的一
作理念，为你提供最完善的
Evernote已在中国北京成立办公室，团队成员涵盖市
场，技术，用户支持等多个职能，并完成了本地服务器
部署的工作。我们希望为你提供最友好的用户体验，最
快速的连接速度和最完善的运营支持。
我们一贯以高度尊重用户隐私为基本准则，在遵守中国
相关法律法规的前提下，印象笔记将依旧保持Evernote
全球服务的三个用户数据保护准则，即：
1. 数据是用户的：所有存到Evernote的内容，它的版
权和所有权都属于你。
2. 数据是受保护的：未经你的允许，我们没有任何权

图 3.27　点击切换到网页视图

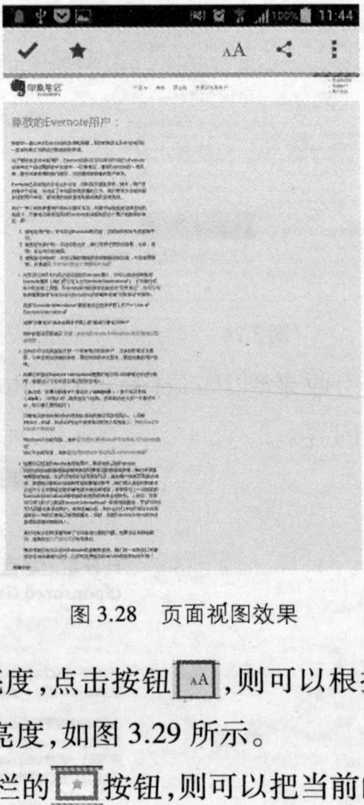

11:44
尊敬的Evernote用户：

图 3.28　页面视图效果

（2）调整字体和浏览时页面的亮度，点击按钮，则可以根据自己的风格与喜好设置字体与页面亮度，如图 3.29 所示。

（3）标出喜欢的文章，点击按钮栏的按钮，则可以把当前的文章标为喜欢。在主页面可以根据有喜欢标志的选项来筛选需要阅读的文章。

（4）阅读完毕后点选√号，即可从 Pocket 中删除本篇文章，如图 3.30、图 3.31 所示。当然在主页的 Archive 选项中也可以还原此篇文章。

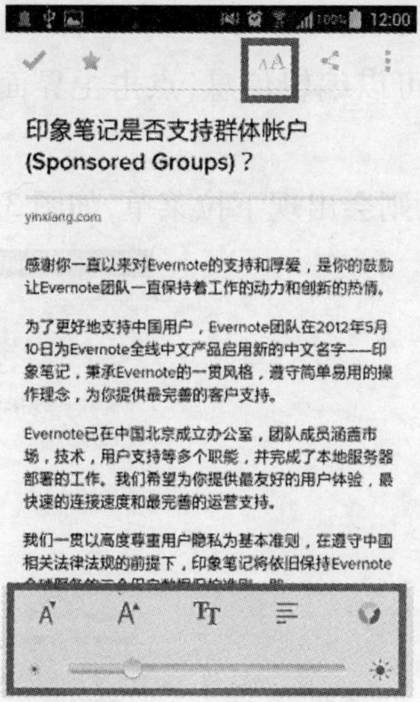
12:00
印象笔记是否支持群体帐户
(Sponsored Groups)？
yinxiang.com
感谢你一直以来对Evernote的支持和厚爱，是你的鼓励让Evernote团队一直保持着工作的动力和创新的热情。
为了更好地支持中国用户，Evernote团队在2012年5月10日为Evernote全线中文产品启用新的中文名字——印象笔记，秉承Evernote的一贯风格，遵守简单易用的操作理念，为你提供最完善的客户支持。
Evernote已在中国北京成立办公室，团队成员涵盖市场，技术，用户支持等多个职能，并完成了本地服务器部署的工作。我们希望为你提供最友好的用户体验，最快速的连接速度和最完善的运营支持。
我们一贯以高度尊重用户隐私为基本准则，在遵守中国相关法律法规的前提下，印象笔记将依旧保持Evernote

图 3.29　设置字体以及亮度

11:31
印象笔记是否支持群体帐户
(Sponsored Groups)？
yinxiang.com
感谢你一直以来对Evernote的支持和厚爱，是你的鼓励让Evernote团队一直保持着工作的动力和创新的热情。
为了更好地支持中国用户，Evernote团队在2012年5月10日为Evernote全线中文产品启用新的中文名字——印象笔记，秉承Evernote的一贯风格，遵守简单易用的操作理念，为你提供最完善的客户支持。
Evernote已在中国北京成立办公室，团队成员涵盖市场，技术，用户支持等多个职能，并完成了本地服务器部署的工作。我们希望为你提供最友好的用户体验，最快速的连接速度和最完善的运营支持。
我们一贯以高度尊重用户隐私为基本准则，在遵守中国相关法律法规的前提下，印象笔记将依旧保持Evernote全球服务的三个用户数据保护准则，即：
1. 数据是用户的：所有存到Evernote的内容，它的版权和所有权都属于你。
2. 数据是受保护的：未经你的允许，我们没有任何权

图 3.30　点选√号

12:49
pocket
Filter by title or URL
欢迎回来
app.yinxiang.com
Google
google.com.hk
Chrome Web Store
chrome.google.com
Pocket -formerly Read It Later
play.google.com
pocket
视频：习近平出访俄罗斯 夫人彭丽媛将随行[正午30分]
v.youku.com
华东师范大学::Ecnu.Edu.Cn -East China Normal University-求实创造，为人师表
ecnu.edu.cn
华东师范大学::Ecnu.Edu.Cn -East China Normal University
ecnu.edu.cn
36氪投稿需求
36kr.com

图 3.31　保存的网页在主界面上消失

4. 回到主界面

长按相关条目可以编辑信息,点击主界面的按钮可以查看收藏的信息。

(1)点击 pocket ,则会出现下拉菜单,如图 3.32 所示。

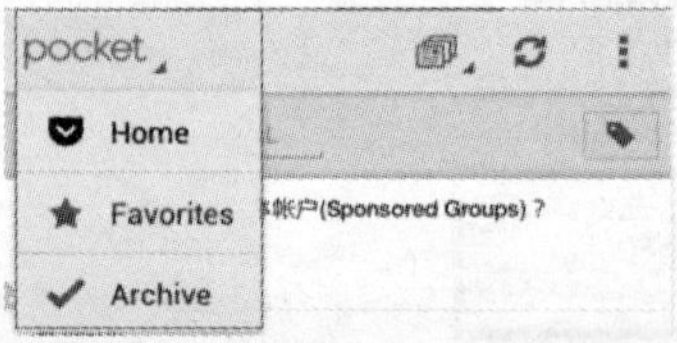

图 3.32　下拉菜单

图 3.33　回到主界面

①Home 是指回到主界面,显示 Pocket 中存入的条目,如图3.33所示。

②点击 Favorites,则显示用户用◣标出喜欢的文章,如图3.34、图 3.35 所示。

③点击 Archive,则显示已删除的历史文章。将阅读完毕后的文章点选√号,则可从 Pocket 的主界面中删除文章,我们打开Archive,则这篇消失在主界面的文章会再次出现在选项列表中,如图 3.36、图 3.37 所示。

图 3.34 选择 Favorites 分类

图 3.35 所有 Favorites 显现

图 3.36 选择 Archive 分类

图 3.37 所有 Archive 条目显示

(2)点击按钮，则会出现如图 3.38 所示下拉菜单，用户可以根据浏览对象的属性选择相关的分类条目。

图 3.38　下拉菜单

(3)点击按钮，可以同步更新文章。在电脑或者其他设备上使用同一账号的用户，不论在哪个平台上存储的文章都可以同步更新。

Pocket 有一个 Bulk Edit 模式，可以对保存的信息进行批量处理，例如可批量选择并进行更深一层的收藏或者删除等操作。另外，Pocket 还有一些非常贴近用户的设计。例如，打开一篇长文章之后，有一个滚动条功能。这个滚动条平常会隐藏在页面的右边缘，若出现长的网页，只有当用户点击页面且进行滑动的时候，滚动条才会浮现，阅读的过程中则是隐藏的状态，因此使用 Pocket 时没有任何元素会影响用户的阅读。

在 Android 平台中，各式各样的互联网服务客户端都能够通过分享 API 将页面收录到 Pocket 中，使用起来相当方便。Pocket 并非只有安卓平台的版本，Pocket 能够运行于 iOS 和各种桌面浏览器之上。只要在不同的平台安装并登录 Pocket，就能够随时快速地将页面收录到 Pocket 中，并可在另一个平台中打开。

图 3.39 是 Pocket PC 端的界面，使用方法和手机端类似。保存网页时，点击右上方的按钮，就会显示文章保存成功。

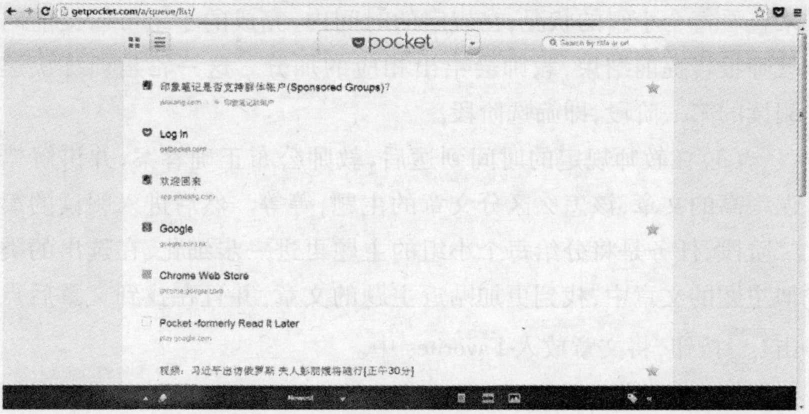

图 3.39　PC 端主页面

3.2.3　案例设计

Pocket 广受使用者的推崇，是一种方便实用的辅助阅读工具。在教育教学中，教师如果把这一软件应用到实际教学中，就会达到很好的教学效果。

本案例是将 Pocket 应用到英语教学中，以训练学生快速阅读的能力。使用 Pocket 工具可以加强对快速阅读技巧的训练，在教中学，提高学生学习的趣味性与积极性。①

(1)准备工作：教师在准备快速阅读的教学时，在上课的教学平台上放上不同主题的英文文章，且每个主题都有几篇相似度很高的文章；注册多个账号，供课堂上分组用。

(2)教师把学生分为若干个小组，一个组一个账号，每个小组给出一个主题，小组成员用同一个账号登录 Pocket，在教师规定的时间内，小组必须把属于同一主题的文章筛选出来，加入到 Pocket 中。由于 Pocket 的同步性，小组成员之间可以相互纠正，以期在规定的时间内分辨出文章的主题。教师可以通过登录不同的 Pocket

① http://www.chinacc.com/《英语快速阅读的方法和技巧》.

来查看每个小组的状况;在规定的时间内,完成的小组可以提前向教师报告提前结束,教师会给出相应的加分。这一轮是训练快速阅读的第一阶段,即筛选阶段。

(3)在教师规定的时间到达后,教师公布正确答案,并讲解错误率高的文章,该怎么区分文章的主题,等等。然后进入阅读的第二阶段,任务是将分给每个小组的主题再进一步细化,在选出的类似主题的文章中,找到更加贴近主题的文章,并且在找到文章后点击按钮,将文章放入 Favorites 中。

(4)讲解完成后,进入第三阶段,教师给出更为精确的含有细节的文章,要求学生再次点击,把 Favorites 选项下不符合要求的文章删除,只留下一篇符合要求的文章。

(5)针对最终留下的文章列出一些更为细节的阅读题,训练学生快速定位关键字的能力。

这样一轮下来,学生不仅学会了按主题对文章进行分类,而且学会区分相同主题的文章。既锻炼了学生快速阅读的能力,又锻炼了学生团队合作的能力,还能轻松地达到教学的效果。

总的来说,Pocket 是一种极其出色的云服务类软件,可以利用它提供的功能提高我们的阅读效率,也可以在学习中利用 Pocket 提供的功能进行资源分类管理和共享。

3.3 谷歌翻译

谷歌翻译(Google Translate)是谷歌公司发布的一套语言处理产品。我们可以将谷歌翻译视为一个产品体系,普通用户使用最多的是其基于 B/S 架构的浏览器端翻译服务与浏览器工具条。谷歌翻译正在迅速进入移动应用领域,目前主要发布了支持主流移动平台的客户端应用软件。

谷歌翻译除向普通用户提供基本的查询翻译服务外,还为专业用户提供更为高级复杂的翻译服务。例如,译者工具包(Translator Toolki)可为大型翻译工程和协作翻译项目提供一体化的翻译辅助服务;网站翻译器(Website Translator)可帮助网站快速实现页面国际化;全球商机洞察(Global Market Finder)可帮助企业在不同种类的语言信息中挖掘贸易拓展的渠道。

谷歌翻译支持64种语言间的互译,其产品免费,功能强大,拥有众多的使用者,在查询、翻译和外语学习方面有较大的应用价值。①

3.3.1 操作案例

本节利用谷歌翻译 PC 端服务和 Android 客户端应用,介绍谷歌翻译的基本翻译服务和译者工具包的使用。

1. PC 端服务

主要介绍谷歌翻译基本服务和译者工具包。

(1) 谷歌翻译基本服务

谷歌翻译的基本服务可通过点击谷歌主页顶部的"翻译"(Translate)链接访问。

基本翻译功能的使用较为方便:选择好翻译材料的源语言和欲翻译成的目标语言,单击"翻译"(Translate)按钮便可进行材料的翻译。其中,材料区可输入文字(文本块翻译)、网页地址(网页翻译),或者直接上传本地文档(文档翻译)。

例如对语料"达成共识"进行文本块翻译,结果如图 3.40 所示。

---

① Google Inc. Google Translate[EB/OL] Google.com [2013-03-12]http://support.google.com/translate#2534527.

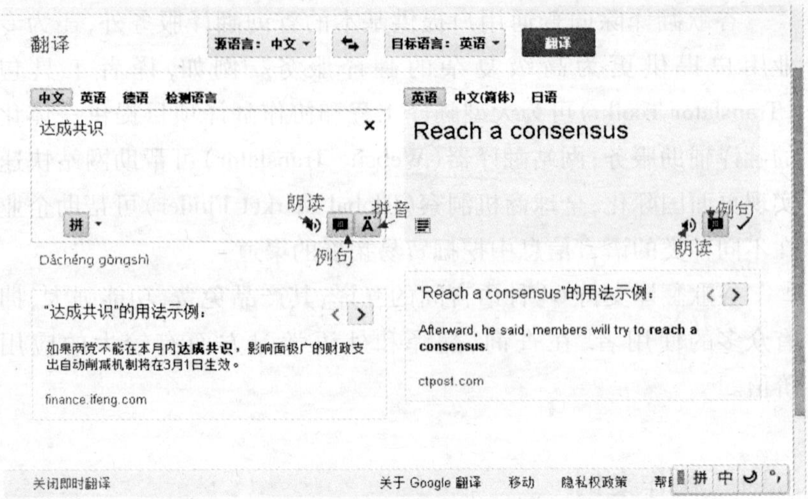

图 3.40　谷歌翻译结果

我们还可以利用谷歌翻译提供的一些功能获取更多的信息。例如，点击"朗读"按钮可以分别获取源语言和目标语言的发音。点击"例句"按钮可以获取对应语料的例句。就中文而言，点击"拼音"按钮可以给出汉字的拼音标注。

(2) 译者工具包

译者工具包可以帮助个人或团队高效地进行翻译项目的展开和管理，可以通过点击谷歌翻译主页面底部的"译者工具包"(Translator Toolkit)链接访问。

使用译者工具包需要登录谷歌账号，进入后的主页面如图3.41所示，由于是首次登录，因此所有条目下的内容都为空。

①加入翻译源

在图 3.41 中，点击"进行中"(Active)使选中的文字保持红色状态；或者点击"上传"按钮，页面跳转到"上传待译文档"页面，如图3.42所示。

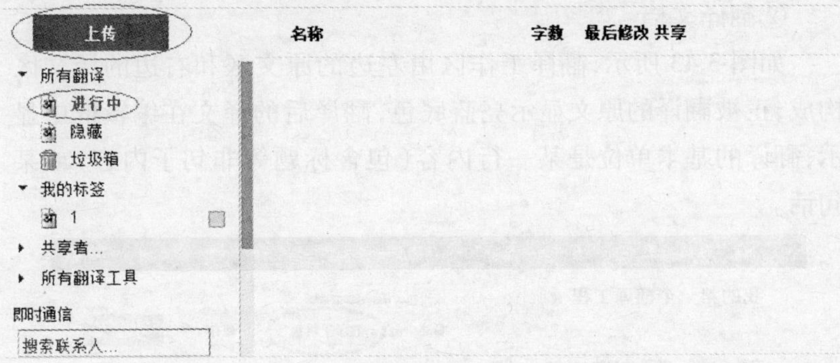

图 3.41　译者工具包主页选项栏

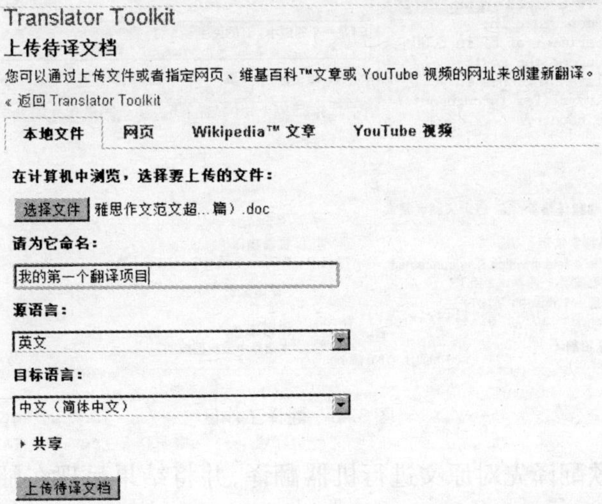

图 3.42　上传待译文档页面

这里可以上传四种文档类型：本地文件、网页、维基百科文章和 YouTube 视频字幕文档。

本例选择上传本地端的一个语言为英文的文本文件，通过“选择文件”选择本机上欲翻译的文档，并命名为“我的第一个翻译项目”；选择源语言为英文，目标语言为中文，以告知系统本次翻译为英译中项目，如图 3.42 所示。最后，单击“上传待译文档”按钮进入翻译工作页面。

②翻译文档

如图 3.43 所示，翻译工作区由左边的原文区和右边的译文区构成，正被翻译的原文显示亮蓝底色，翻译后的译文在编辑框中显示，翻译的基本单位是某一行内容(包含标题等非句子内容)或某句话。

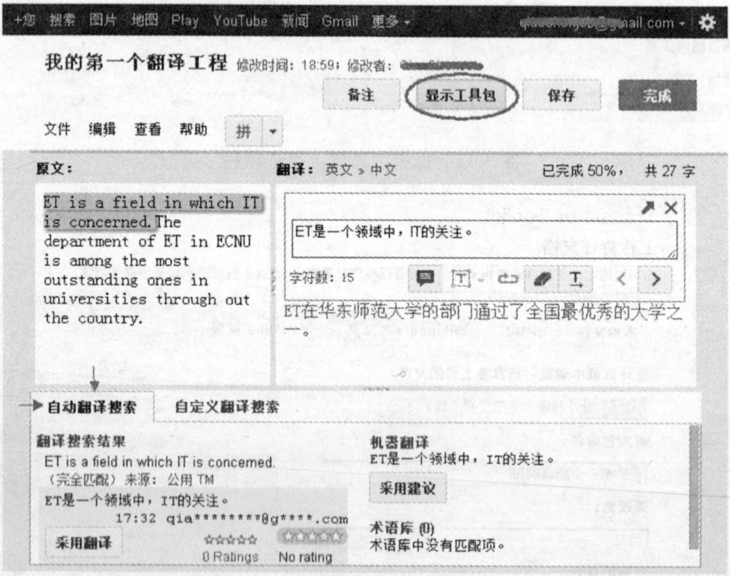

图 3.43 翻译工作区

谷歌翻译先对原文进行机器翻译，并将结果呈现在翻译区内，供译者参考修正。

在图 3.43 的右上角点击“显示工具包”按钮，可在页面下方显示翻译辅助信息。例如，在“自动翻译搜索”选项卡中，译者可以参考现成的人工翻译、机器翻译或特定的术语库(添加术语库的介绍见下文)等。在“自定义翻译搜索”选项卡中，译者可以搜索难以翻译的内容，从“字典”释义、术语库和相似翻译的结果中查找有用的信息。

单个语句的翻译在如图 3.44 所示的编辑框中进行，框底是一排功能按钮，从左到右依次为“插入评论”按钮、“插入标签”按钮、“处理重复”按钮、“清空”按钮、“插入原文”按钮以及“语句跳转”按钮，如图 3.44 所示。

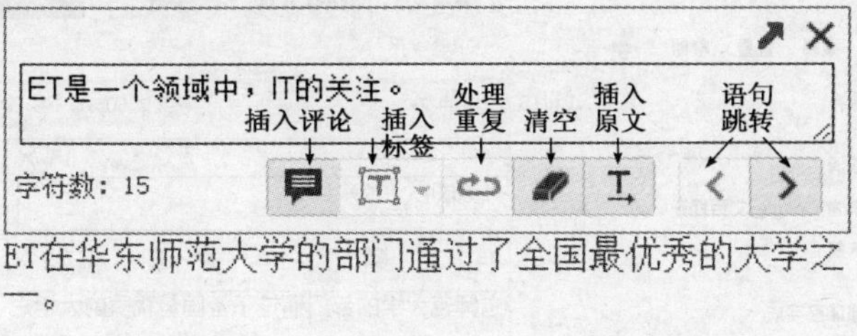

图 3.44　翻译编辑框

“评论”功能可以为当前句子译文生成类似批注的评论，被评论的译句会显示黄底色。由于软件本身支持协同翻译，用户间可以通过评论功能记录下讨论的内容，以供参考或校验工作的开展。

“插入标签”功能主要作用于网页翻译或维基百科文章翻译，方便被标记语言的标签使用。

“处理重复”，即译者工具包能检测原文中重复的内容，以提示用户是否将同一译文应用于所有相同原文的翻译。

“清空”编辑框能清除编辑框中原有的译文。

“插入原文”则用原文替换掉编辑框中的当前译文。

“语句跳转”按钮“<”与“>”则可向前或向后跳转以查看欲翻译的语句。

③邀请协作者

在需要协同翻译的工程中，可以通过点击“文件→邀请他人”，邀请其他谷歌账号用户进行协同翻译，如图 3.45 和图 3.46 所示。

点击后，弹出邀请页面，在框中输入欲邀请的用户，便可将对方加入翻译工程中来。此时任何一方对原文的翻译操作所有翻译者均可见。

邀请成功后，在译者工具包的主页我们可以看到“我的第一个翻译工程”项目中加入了其他翻译者，此时，被邀请的译者以各自账号登录后均可见共享的翻译项目。

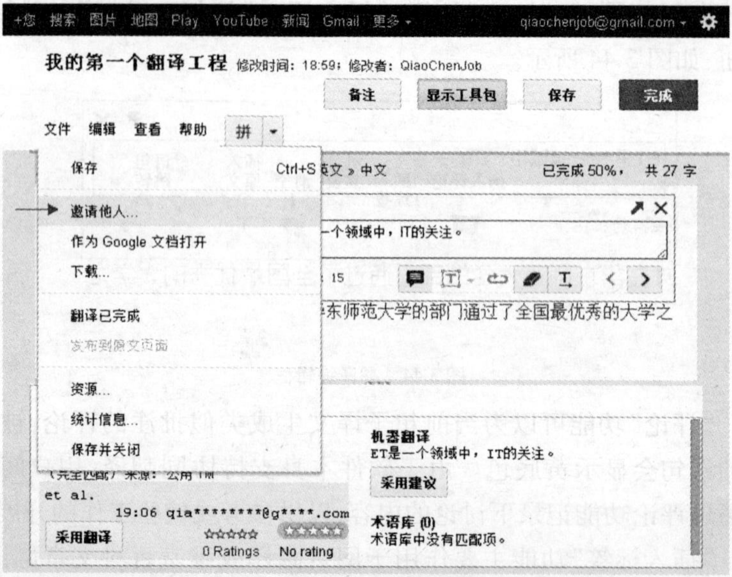

图 3.45　邀请他人菜单项位置

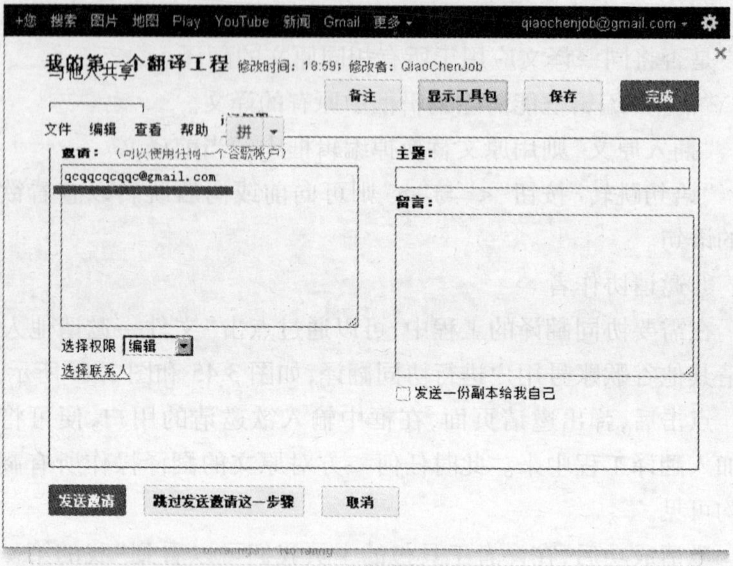

图 3.46　发送邀请页面

④上传术语库

ET(Educational Technology)和IT(Information Technology)拥有特定的含义,我们可以将这些有特定语义的内容制作成术语库文件,加入到翻译者工具包中。术语库文件是以.cvs为扩展名的文本文件,可在Excel中制作,保存时选择保存类型为CVS文件、以UTF-8编码即可。图3.47为本例的术语库文件制作相关截图。

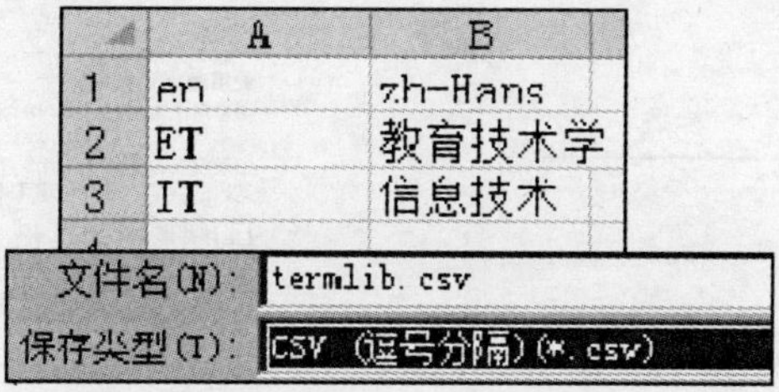

图3.47 在Excel中制作术语库文件

在Excel表格中,首行需填写语言编码(en为英语,zh-Hans为中文简体,详见谷歌翻译提示),再添加互译内容,保存时选择CSV类型,此时术语库文件准备完毕。在译者工具包主页面,确保"术语库"被选中且呈红底色后,单击"上传"按钮转到上传术语库页面,如图3.48所示,根据相应提示选择欲上传的术语库文件,单击"上传术语库"按钮开始上传文件。

接下来我们重新创建翻译项目,并在设置参数时,点开"共享"下拉选项,在"使用术语库"选项框中选择对应的术语库,界面状态如图3.49所示。一切就绪后,点击"上传待译文档"按钮,创建新项目。

创建好新的翻译项目后,点击翻译工作区顶部的"显示工具包"按钮,点选"自定义翻译搜索"选项卡,在搜索输入框中查询术语"ET",可以看到术语库条目中给出了预定的翻译结果(ET:教育技术学),如图3.50所示。

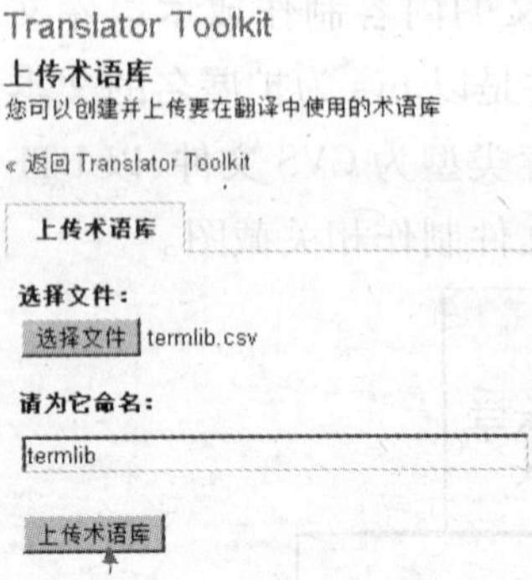

图 3.48　上传术语库页面

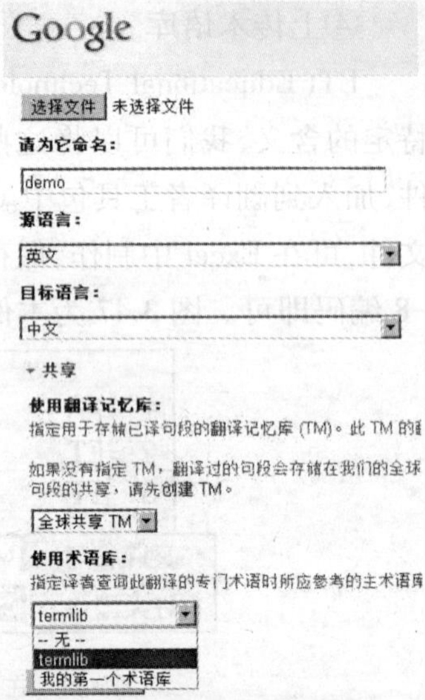

图 3.49　创建使用术语库的翻译项目

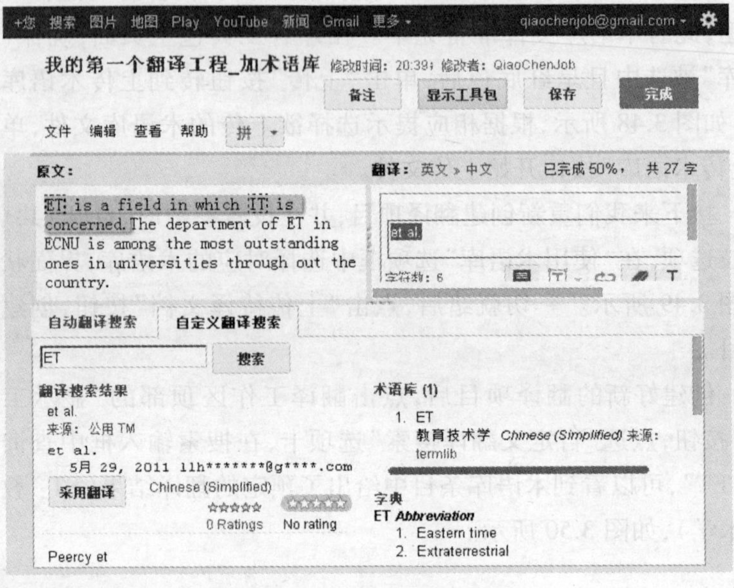

图 3.50　术语库使用效果

⑤完成翻译

原文翻译完成后，单击右上角的“完成”按钮，则标记项目完成翻译。也可以通过点击菜单“文件→下载”将翻译结果以文本文件的形式下载到本地计算机当中。

2. Android 客户端

谷歌翻译的移动设备客户端在摄像头、话筒等部件的支持下丰富了待翻译资料的输入方式。谷歌翻译 Android 客户端的主界面如图 3.51 所示。

查询翻译时，需要在顶部选定源语言（图中“中文”）和目标语言（图中“英语”），在底部的输入框内输入待翻译的源语言内容（图中“天”），然后单击“→”按钮即可得到翻译的结果。

输入框下面的“铅笔”和“相机”图标按钮还可以提供用户以手写或摄像头的方式输入原文内容。例如，我们根据使用提示，用摄像头拍摄字典上“天”字的条目，用手指点按，选取汉字“天”即得到相应的翻译结果，如图 3.52 所示。

图 3.51　谷歌翻译 Android 客户端界面

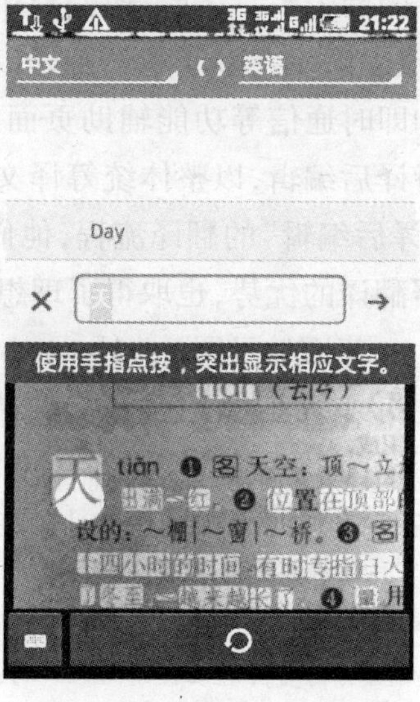

图 3.52　摄像头输入翻译原文

翻译结果还可通过收藏功能进行保存，以便回顾参考；或通过点击“分享”按钮发送到其他应用中。在安装有其他相应客户端的移动设备上，用户既可以在微博上共享翻译结果，也可将结果保存到印象笔记中作为学习资料加以记录。

手机端的谷歌翻译还提供短信翻译等功能。

3.3.2 经典案例

谷歌翻译服务具有功能强大、使用便捷、翻译迅速的优点，但也存在长文本翻译精确度低、对非正式用语和多义词等语料的处理能力差的缺点。因此，人们在使用谷歌翻译服务的同时，通常会扬长避短，找到人机翻译的平衡点。

上海外国语大学的王峰等人根据谷歌翻译的特点设计了人工翻译校园网页的“机助人译的翻译流程”。① 在翻译同济大学校园网页的实践中，他们首先对页面原文进行译前编辑，以提高机器翻译的命中率。之后，他们利用谷歌译者工具包提供的翻译记忆系统、术语库、SBMT 机器翻译（基于统计的机器翻译）、平行文本搜索和即时通信等功能辅助页面的人工翻译。在翻译最后，对译文进行译后编辑，以整体统筹译文。遵循“译前编辑”—“机助人译”—“译后编辑”的翻译流程，他们在翻译学校页面的过程中发挥了机器翻译的优势，也取得了理想的翻译结果。

英语学习网站“About.com”的教师 Kenneth Beare 就谷歌翻译在对外语言教学（原文背景为以英语为母语的英语教师对以西班牙语为母语的学生进行英语教学）中的用法给出了建议。② 例如，在翻译的训练中，让学习者在通读英语原文之后，合理使用谷歌翻

---

① 王峰，彭石玉，严丹. 基于 Google 新功能辅助汉译英的研究——以高校网页英文翻译为例[J]，上海翻译，2010(4)：66~69.

② Beare K. How to Use Google Translate to Teach English About.com Guide. http://esl.about.com/od/modernteachingtechniques/a/teach_english_google_translate.htm.

译，能够帮助他们摆脱困难词汇对翻译过程的干扰；让学习者使用谷歌翻译将母语西班牙语的段落译成英语，再让他们考察译文是否需要修改，能够促进初学者对基本知识的掌握；教师用谷歌翻译将英文短文翻译成学生的母语，再让学生根据此译文回溯英文原文；教师让学生写下英语短文，并用谷歌翻译回译为他们的母语，可以帮助他们识别翻译过程中的语法问题。另外，谷歌翻译也可以作为一本有效的语言词典使用。

上海外国语大学的阎姗在科技英语的翻译应用中以实例考察了谷歌翻译的价值。[①] 她从谷歌翻译的工作机制和科技英语文件的特点中总结出：专业性知识越强、语法结构越简单的文件，谷歌翻译的匹配度越高。对于医药等领域中原文与译文的术语对应关系严格的科技英语翻译，谷歌翻译可以大大减轻译者的工作量；而对于陌生词汇较多的科技英语文本，事先用谷歌做初步翻译也能够节约时间、提高翻译效率。同时，她的案例经验也表明，在谷歌翻译得出初步翻译结果后，通过使用计算机词典软件、再搜索等手段进行翻译验证，并对句法、语法和组织结构进行再加工，可以确保译文专业术语的准确性。

3.3.3 案例设计

谷歌翻译能够辅助外语教学。就 Android 客户端来说，可以鼓励使用者在查询生词时利用发送功能，在印象笔记中建立生词簿，以便定期回顾；也可创建特定社交网络的公共账号，使同一学习集体的成员将查询的生词分享到该账号，形成每日的词汇学习材料，必要时定期回顾学习成果。

译者工具包则可支持更加复杂的教学应用，本小节将以译者

① 阎姗. 多种翻译工具在科技英语翻译中的运用[D]. 上海：上海外国语大学，2012。

工具包为平台设计案例,探讨谷歌翻译工具的使用。

1. 基于译者工具包的协同翻译训练活动设计

案例的直接目标是训练译者的协作翻译技能,在案例开展的过程中,译者的团队协作、翻译、英汉思维互换、词汇量、语法等能力都可以得到间接的训练。

参与者包括主持人(教师)和译者(学生)。在活动准备工作中,主持人需要准备待翻译的材料,并在需要时加入术语库和翻译记忆库。所有参与者都需要注册谷歌账号,为方便起见,账号名应尽量统一。

(1) 创建项目

主持人创建一个"进行中"的翻译项目(名为"协作翻译项目"),并且"邀请"译者加入翻译。本例邀请三位译者(studentaecnu、studentbecnu、studentcecnu)加入,其结果可在主页面中查看,如图 3.53 所示。

图 3.53　创建完毕的协作翻译项目

主持人将译者进行分组,并对每个小组分派所需完成的翻译段落。在翻译过程中所有参与者都可看见翻译工程的内容变化。

(2) 小组翻译

主持人宣布翻译活动开始,各小组进行小组翻译。

组内成员先翻译各自负责的部分,然后进行组内评审。组员通过以在有疑义的译文上添加评论的方式,和原译者讨论翻译策略。可能出现的状态如图 3.54 所示。

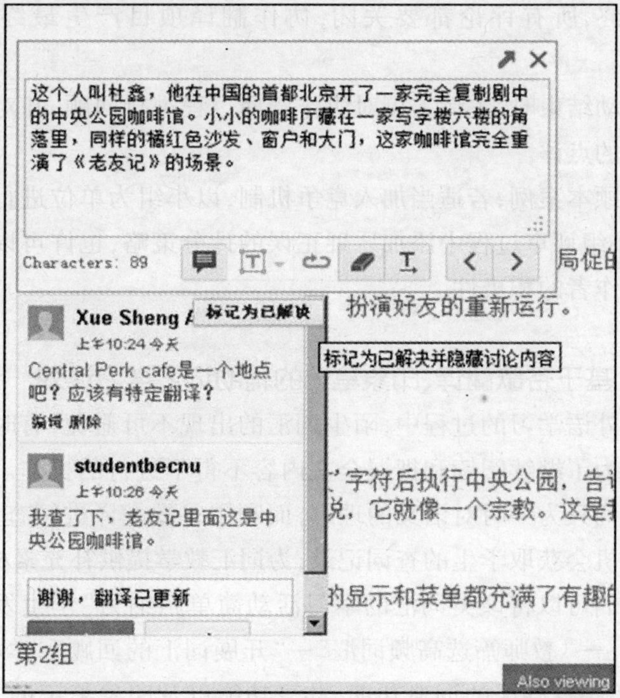

图 3.54 组内评审画面截图

从图 3.54 中可见，某译者向组员寻求一短语的翻译方式，得到了组员的回应。

当问题解决后，点击“标记为已解决”按钮，可将讨论隐藏。小组翻译结束后，所有评论都应该隐藏，表示译者间达成一致。

(3) 组间评审

小组内部翻译完成后，进行组间评审，每一小组既要接受他组的评审，又要评审其他小组，小组内部不互评。

被评审小组成员需要对其他小组的质疑给出合理解释以维持原翻译，或接受建议修改译文。该过程也通过“评论”功能进行，当各组对评论达成共识后，隐藏该评论。

主持者需要在这一阶段中给双方提供专业知识的帮助并适时加以引导，以推动整个协作翻译的进行。

最终，所有评论都要关闭，协作翻译项目产生最终版本的译文。

活动结束时，主持人可对协作翻译过程进行回顾，并对译文进行简要的点评。

回顾本案例，若适当加入竞争机制，以小组为单位进行翻译评级，在小组评审过程中添加质疑正误的计分策略，也许可以更好地调动协作者的积极性。

2. 基于谷歌翻译、印象笔记的辅助词汇学习计划

在外语学习的过程中，陌生词汇的出现不可避免，有时候查询词义成为了继续阅读和把握全文内容不得不进行的操作。学生的许多查询只为一时对语义的理解，而利用谷歌翻译进行查询，教师们也有机会获取学生的查词记录，为词汇教学提供补充素材。

我们可以将该类词汇的学习活动简单归纳为“学生发现并共享词汇”—“教师筛选高频词汇”—“开展词汇的回顾和学习”等环节，利用谷歌翻译的词典功能、共享功能以及印象笔记的“共享笔记”、“标签搜索”和“按标题排序”功能来开展教学活动。

(1) 活动准备

注册账号：教师和学生都需要注册印象笔记账号（需要用到邮箱地址）。

安装客户端：需要学生在查生词时利用谷歌翻译和印象笔记的智能手机客户端（这里以 Android 平台为例）。

学生需要在自己的印象笔记中创建一个专门用于生词记录的笔记本，并“共享笔记本”给教师账号。引导学生创建共享笔记本的过程如图 3.55、图 3.56、图 3.57 所示。

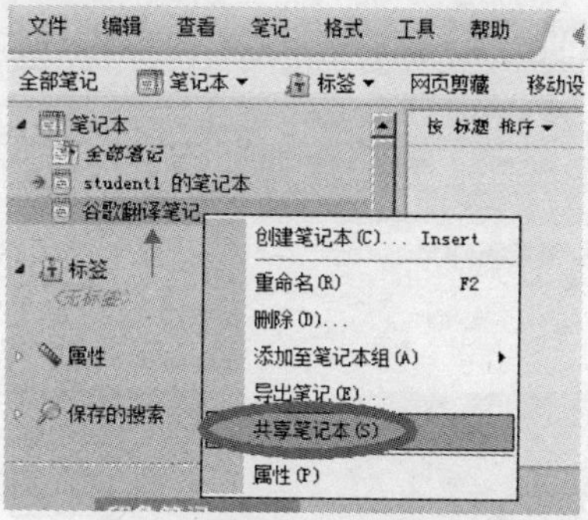

图 3.55 学生创建“谷歌翻译笔记”，并按右键共享笔记本

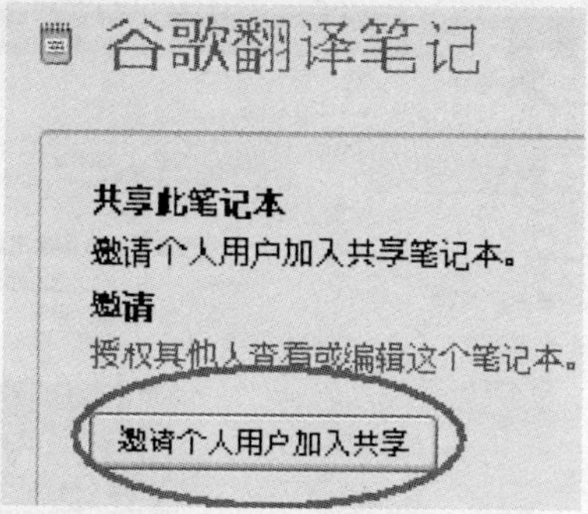

图 3.56 选择“邀请个人用户加入共享”

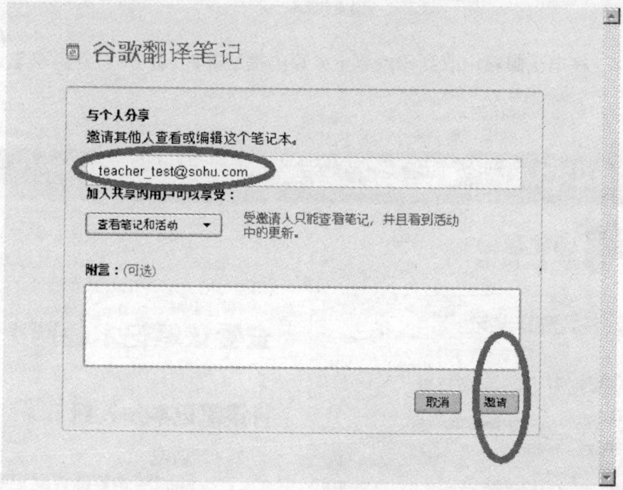

图 3.57 输入老师的印象笔记账号，并邀请老师加入

当邀请信息发出后，教师绑定印象笔记的邮箱就会收到提醒邮件，可以按照如图 3.58、图 3.59、图 3.60 所示的步骤访问学生共享的“谷歌翻译笔记”。

图 3.58　在电子邮箱中收到印象笔记共享的提醒邮件，点击“打开共享笔记本”

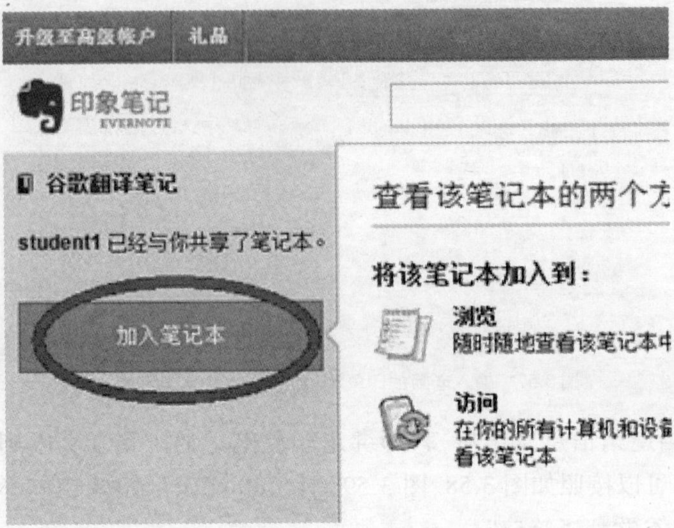

图 3.59　查看笔记共享者并按“加入笔记本”将该笔记加入自己的印象笔记

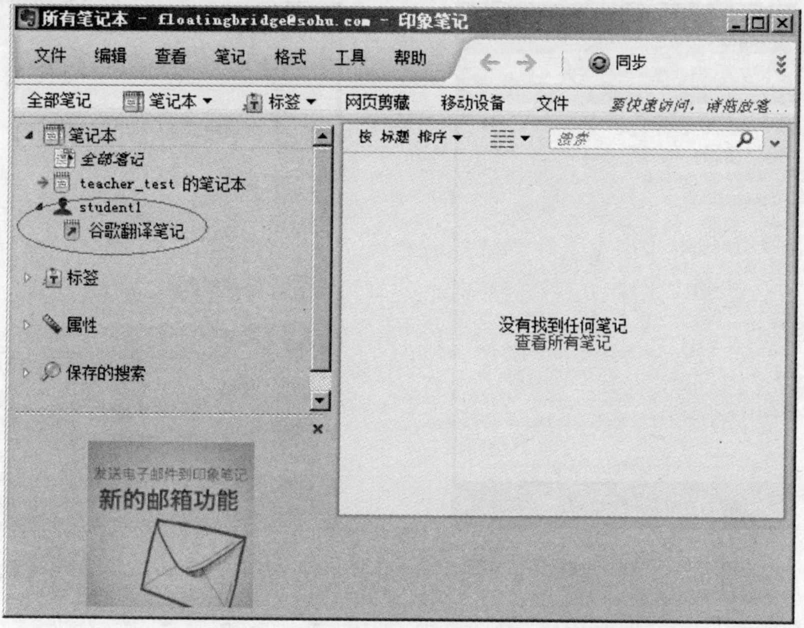

图 3.60　教师用账号登录后，可见笔记本中学生的“谷歌翻译笔记”

(2) 学生用谷歌翻译查词并共享到印象笔记

活动中，学生需要使用安装有谷歌翻译和印象笔记的手机客户端，当他们在遇到生词需要查询谷歌翻译时，可以将查询结果记录在印象笔记本已共享给教师的“谷歌翻译笔记”中，这里为方便教师后期处理，规定生词笔记必须命名为所查询的单词(如“math”)，并加入以当天年月日为名称的标签(例如2013年3月13日的记录标签可命名为“20130313”)。具体过程如图3.61、图3.62、图3.63、图3.64、图3.65所示。

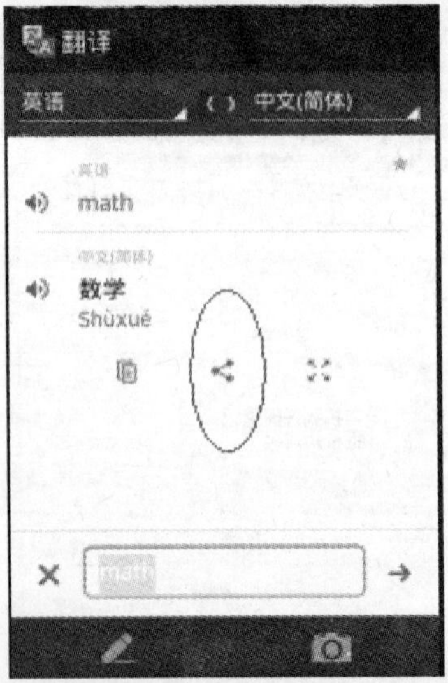

图 3.61　查询单词"math",单击圈中按钮进行共享

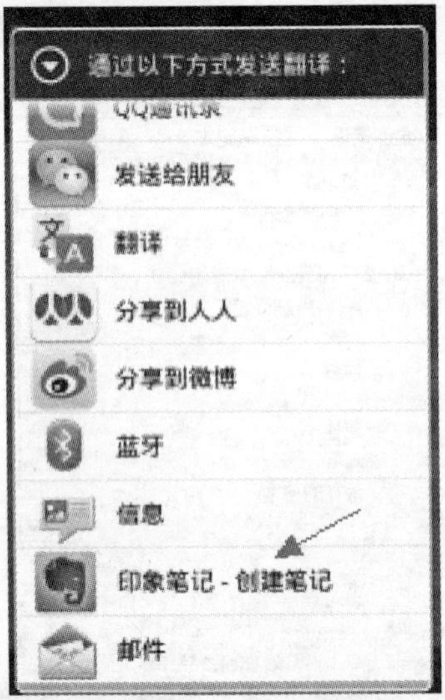

图 3.62　选择共享的方式为创建印象笔记

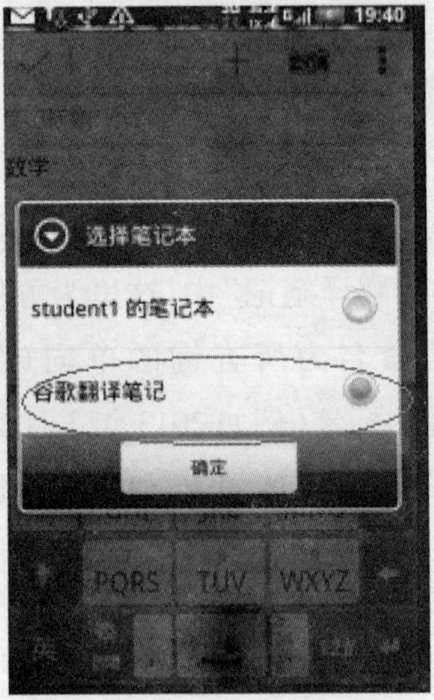

图 3.63　选择笔记本为共享的"谷歌翻译笔记"

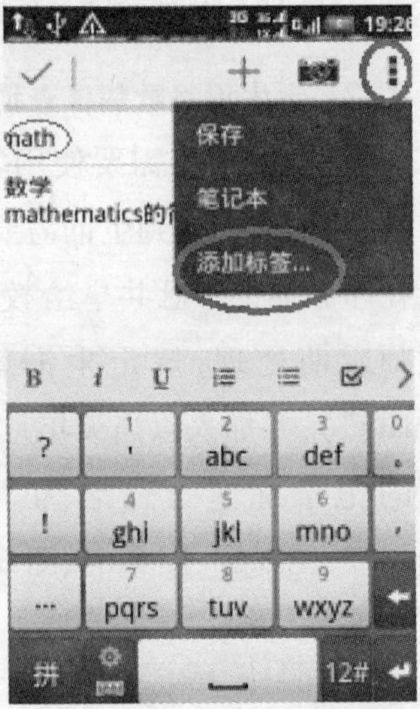

图 3.64　以所查询的单词或短语命名笔记,添加相应的标签

图 3.65　以日期为名称命名标签并点击完成

(3) **教师查看谷歌翻译查询记录，筛选高频词准备讲解**

当词汇查询积累一段时间后(例如,以 1 天为限),教师可以登录自己的印象笔记账号查看学生的生词查询情况,详细过程如图 3.66、图 3.67、图 3.68 所示。

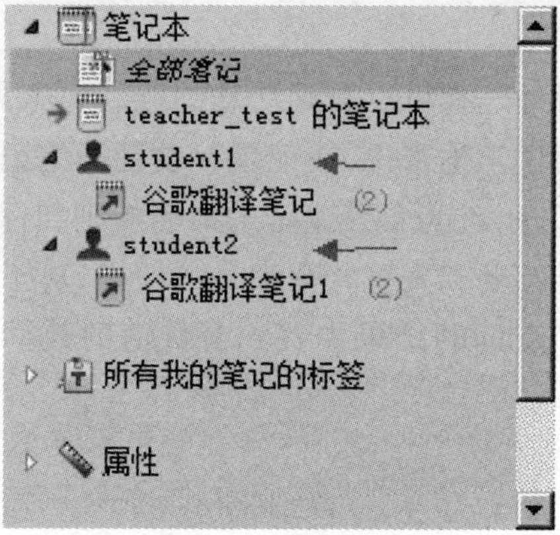

图 3.66　学生的共享笔记

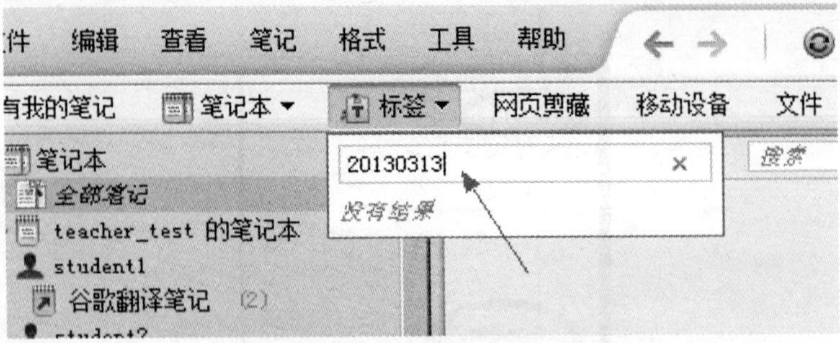

图 3.67　以标签名查询当天的生词记录(例如"20130313")

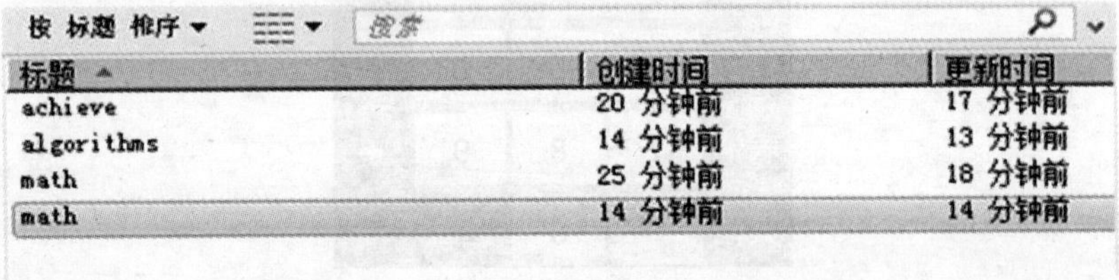

图 3.68　查询得到当天的学生查询生词记录,可以按照标题进行升序或降序排列

教师了解学生们碰到的生词情况后,对于课本中没有教授过的高频词、关键短语等,可以选用为扩充学习的资料素材。

(4) 教师带领学生回顾词汇

教师可借助讲授、讨论、书面练习等方式带领学生巩固生词学习,这里不再论述。

回顾活动设计过程可以看到活动的顺利实施需要学生和教师的共同努力。对于学生来说,在记录谷歌翻译笔记时,将笔记创建在"共享笔记本"中、注意创建笔记的命名规则和标签的命名规则,都是保证教师能够顺利查看共享记录的前提;对于教师来说,在学生运用谷歌翻译查询的结果中找到有价值的教学素材,也需要坚持和耐心。

3.3.4 结语

谷歌翻译软件的应用不胜枚举，保持敏锐的技术嗅觉，合理利用各具特色的信息技术工具，不仅可以大大提高我们的工作效率，还可以推陈出新，丰富日常的工作形式。谷歌翻译系列产品拓宽了语言学习和教学活动组织的想象空间。

当然，适用于语言学习的应用软件不限于谷歌翻译一种软件，金山词霸、灵格斯词霸、有道词典等都是优秀的语言辅助学习工具，而且有道词典在支持英语学习方面还独具特色。

本节以谷歌翻译、印象笔记等工具的操作为主要内容，但并不能穷尽这两种软件应用的所有使用价值，更巧妙、更有趣的功能有待读者亲自挖掘和探索。

3.4 微博教学

微博，微博客(MicroBlog)的简称，是一个基于用户关系信息获取、传播以及分享的平台，用户可以通过 Web、WAP 等各种客户端组建个人社区，以 140 字左右的文字发布信息，并实现即时分享。[1]目前，国内外的微博代表有 Twitter、新浪微博、腾讯微博、网易微博和搜狐微博等，而新浪微博和腾讯微博更是国内的微博巨头。

微博在各类课程学习中被越来越广泛地应用，把微博作为教学和学习信息发布平台、交流平台、讨论平台和分享平台正在成为越来越多的人的一种习惯。

① http://baike.baidu.com/view/1567099.htm.

3.4.1 新浪微博简介

新浪微博是一个由新浪网推出，提供微型博客服务的类Twitter网站。用户可以通过网页、WAP页面、手机短信、彩信发布消息或上传图片……用户可以将看到的、听到的、想到的事情写成一句话，或发一张图片，通过电脑或者手机随时随地分享给朋友；还可以关注朋友，即时看到朋友们发布的信息。①

新浪微博在不同的手机、浏览器和IM上都有自己的客户端。新浪微博在iOS系统和Android系统客户端的功能与网页版相近，不同客户端之间根据同步功能可以实现用户信息的同步更新；且外出使用方便，用户只需在手机等移动设备上安装客户端软件，就能随时随地发布信息、分享图片。

本节主要介绍网页版新浪微博的具体使用方法和微博在教学中的应用。

3.4.2 新浪微博的使用方法

1. 注册与登录

(1)注册：用户只需输入可用邮箱、密码、昵称以及验证码就能注册一个微博账号，如图3.69所示。只有通过手机短信获得激活码来完成注册验证，如图3.70所示，才能够进行用户信息的填写、兴趣标签的选择等步骤，随即完成注册工作。

(2)登录：登录时只要输入邮箱、会员账号、手机号和密码，如图3.71所示，就可以登录到新浪微博首页。

---

① http://baike.baidu.com/view/2762127.htm.

图 3.69　注册

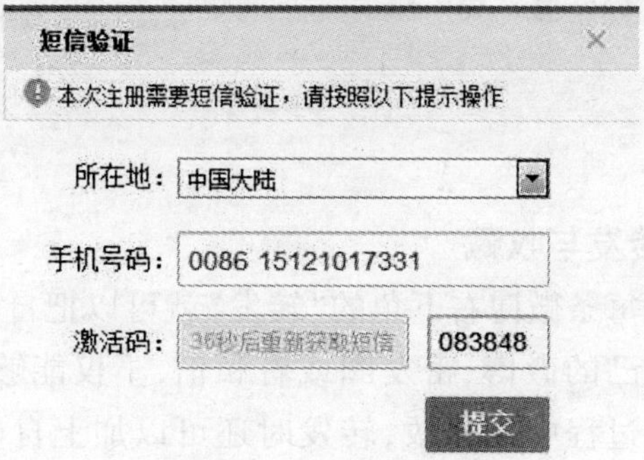

图 3.70　注册验证

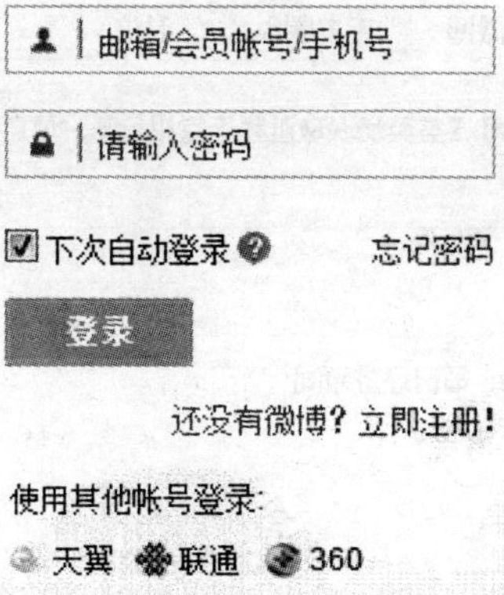

图 3.71　登录

2. 信息发布

在新浪微博中，用户可以像使用博客、聊天工具一样发布信息，在如图 3.72 所示的发布框内书写心情、添加表情、上传图片和视频、发起投票以及发起热门话题等，然后点击“发布”，发布的内容就会在用户的微博内容区更新显示。

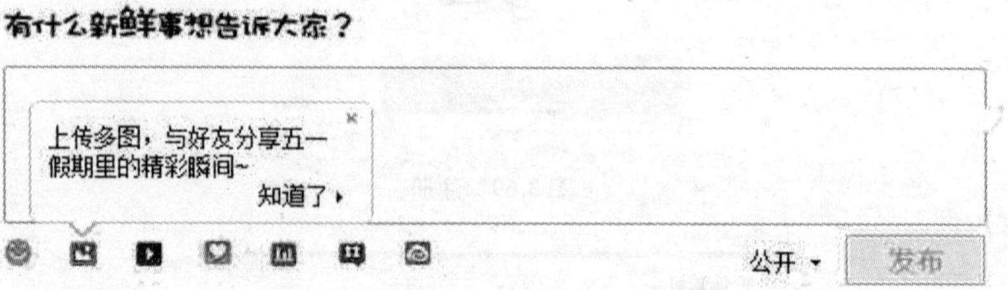

图 3.72　信息发布栏

3. 信息转发与收藏

用户点击每条微博右下角的“转发”就可以把自己喜欢的内容一键转发到自己的微博、密友圈或者私信，不仅能够保留原帖，避免原帖在传播过程中被篡改，转发时还可以加上自己的评论或者@其他人，如图 3.73 所示。

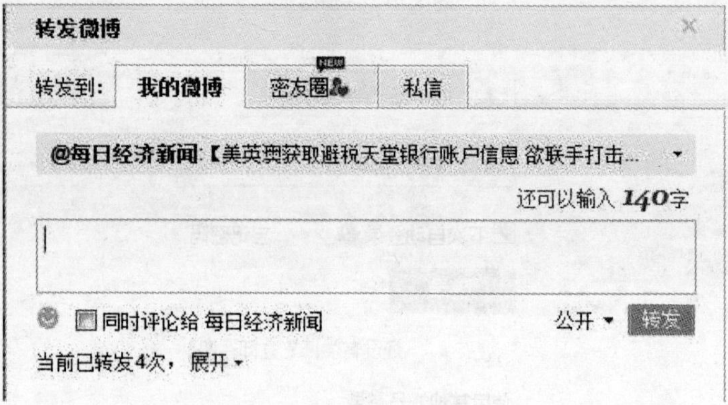

图 3.73　转发微博

用户点击每条微博右下角的“收藏”,就能够将自己感兴趣的微博收藏到自己的收藏栏中,下次在首页左侧的“收藏”中就能看到这些内容,如图 3.74 所示,收藏的同时还能添加对应的标签,以便今后查看。

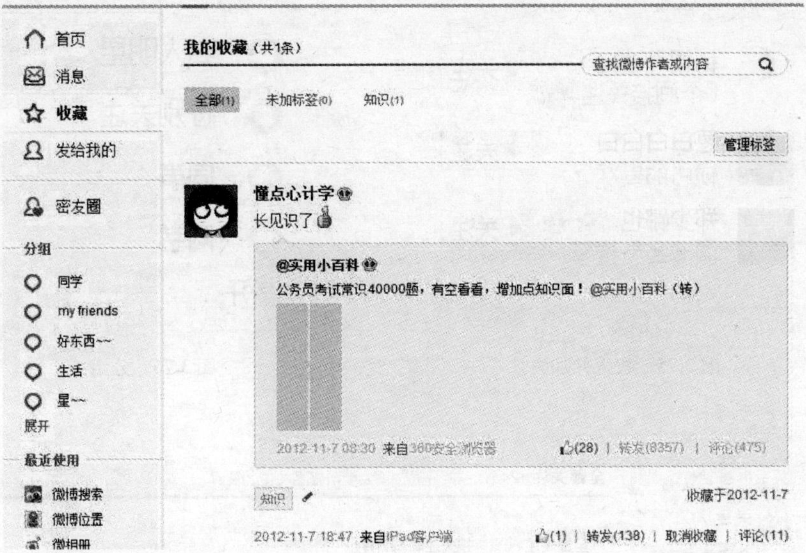

图 3.74　我的收藏

4. 关注及其管理

用户可以对自己喜欢的用户进行关注,成为这个用户的关注者,即“粉丝”。可以寻找自己“可能感兴趣的人”,或者通过“找人”来查找别的用户,并加为关注对象,如图 3.75 所示。

加关注时能够通过对象分组将对方加入不同的小组中,便于分类查看和管理。在首页左侧会出现分组情况,如图 3.76 所示,同时,将鼠标移动到此板块时,会出现“管理”选项,点击进入后,用户能够对自己关注的用户进行编辑,比如排序、添加备注等,还能够建立自己的密友圈,邀请站外好友等,如图 3.77 所示。

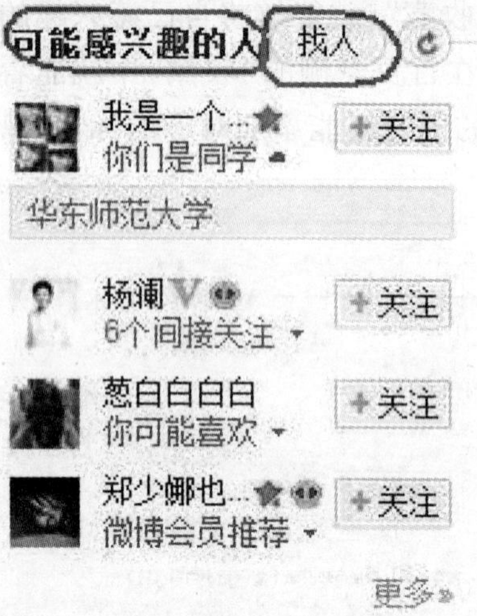

图 3.75　找人并加关注

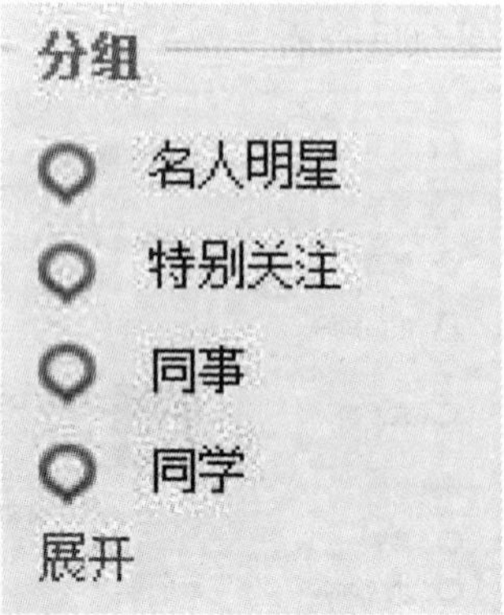

图 3.76　分组

图 3.77　关注管理

5. 评论

用户可以对任意一条微博进行评论，只需点击微博右下角的“评论”按钮。

6. 微话题搜索功能

用户可以在两个#号之间，插入某一话题，例如，#某一话题××#，则发出内容为“#某一话题××#”的微博。点击这个微博，会自动搜索微博上所有包含有“某一话题××”的相关微博。用户可以据此展开讨论，实现信息的聚合。

如图 3.78、图 3.39 所示，用户发布“#懒虫日记#”的微话题，个人微博里就会出现发布的此条内容；点击#懒虫日记#，就能看到所有包含“懒虫日记”内容的微博，如图 3.80 所示，供用户进行查看和讨论。

图 3.78　发布“#懒虫日记#”

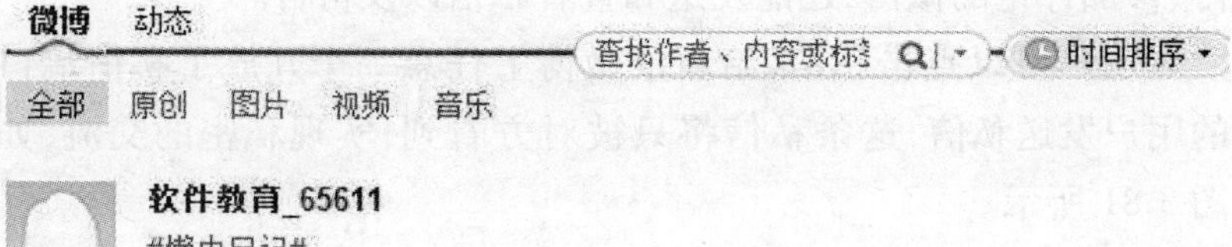

图 3.79　懒虫日记微博

图 3.80　出现所有"懒虫日记"的相关微博

7. 私信交流

点击首页左侧的"消息"栏，用户不仅能够查看自己被@的微博、参加评论的微博，还能发送和查看私信以及留言。

用户可以点击私信，给新浪微博上任意一个开放了私信端口的用户发送私信，这条私信将只被对方看到，实现私密的交流，如图 3.81 所示。

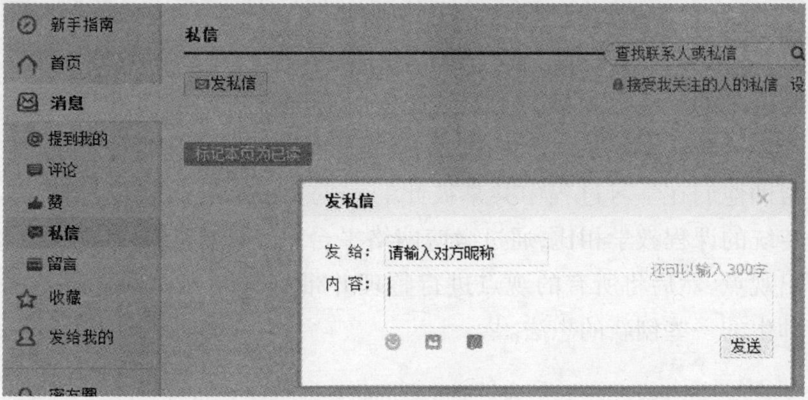

图 3.81　发送私信

3.4.3　经典案例

与其他信息平台相比，微博在信息的浏览和分享方面具有极大的优势，国内外已有许多优秀的微博教学使用案例。

1. 微博在课程教学中的应用

南京师范大学的刘静静介绍了微博在中小学语文中的预习、写作、课外阅读和思想情感教育中的应用。例如，学习完某一文章以后，学生各自的收获可以通过微博进行交流；写作课上可以通过微博发表对主题的看法、观点；课外可通过微博阅读更多的资料，等等。①

Texas Dallas 大学的历史学教授 Monica Rankin 使用 Twitter 吸引学生参与一个非常大型的关于美国文学历史主题的班级讨论。学生通过熟悉的网络或手机接口，在微博上发送讯息。她认为在一个容纳了 90 名学生的大教室中前后行走与学生进行交流是件非常困难的事情。因此，Rankin 教授让她的学生们创建了微博账

① 刘静静.微博在中小学语文教学中的应用[J].中小学电教，2010(9)：40~42.

户,发布信息,提出问题。除了热闹的发言外,教室前面设有大屏幕,她将所有人的讨论显示在教室的大屏幕上,并鼓励那些没有参与进来的学生也积极参与。她会实时对同学们的疑问进行回复。参与这次实践的一位学生说,微博能让他们尽情表达各种想法,能帮助他们在学习过程中共享彼此的意见。Rankin 教授也发现,与传统的课程教学相比,通过微博网络平台来组织大家发表评论,提出观点,然后将所有的观点进行整理并带到教室来讨论更能挖掘师生的一些创新的想法。①

2. 微博课外拓展学习应用

重庆大学的罗婷探析了微博在大学英语第二课堂教学中的交互应用,提出了微博应用的具体流程:每周教师都会在征求学生意见后选择一个有趣的时事话题,由教师引出讨论主题,并提供与主题相关的关键词汇,然后学生在教师的引导下用英文参与问题的跟帖讨论或私信交流。在此过程中教师使用微博开辟了学习经验共享与讨论板块专栏,便于学生课外通过手机或电脑的方式随时随地与同伴和教师进行交流互动。②

美国马里兰州一位英语教师梅奥尝试利用微博作为平台让他的学生们参与一项大型在线协作写作活动。他创建了一个微博账户,邀请他的学生和全世界的学生加入,写作活动通过在微博上不断续写故事的方式进行。六个星期之后,仅仅通过每次 140 字的写作,在来自六个国家多位学生的协作下,故事终于完成了。③

---

① Twitter goes to college: http://www.usnews.com/education/articles/2010/08/16/twitter-goes-to-college.

② 罗婷.探析微博客在大学英语第二课堂教学中的交互应用[J].湖北广播电视大学学报,2011,31(02):118~119.

③ 居健.浅谈微博在小学信息技术学习中的应用[J].中国信息技术教育,2012(12):120~121.

3.4.4 案例设计——微博与师范生实践教学的整合①

本节将思考微博和师范生实践教学的整合,讨论整合的必要性和可行性,研究微博应用于教育见习的流程。

大多数师范院校规定学生教育见习的时间为一周,一般安排在学科教学法课程进行时结合进行。这一周,学校一般安排学生去中学听课或进行教研活动,有的专业以自然班为单位,有的专业则将自然班分为几个组,以组为单位到各中小学学习。各组配备一名本校的指导教师,也可由学科教学法任课老师担任。学生根据教学法课所介绍的理论知识,结合通过听课或教研活动所得的感性认识,在教师的指导下,各组编写好 1~2 个教案,然后由指导教师评定成绩。

微博基于自身的交互传播特色,能够较容易地跨越时空限制,为师范生和教师提供一个便捷的信息发布、解决问题和共享成果的平台。如果我们将微博平台嵌入师范生教育见习活动中,就可以关注、改善和解决见习活动中遇到的实际问题,优化见习效果。

将微博引入师范生的教学法课程教学中乃至见习期间,设计具体的基于微博的教育见习实施流程,如图 3.82 所示,可以帮助我们更好地完成教学或见习活动。

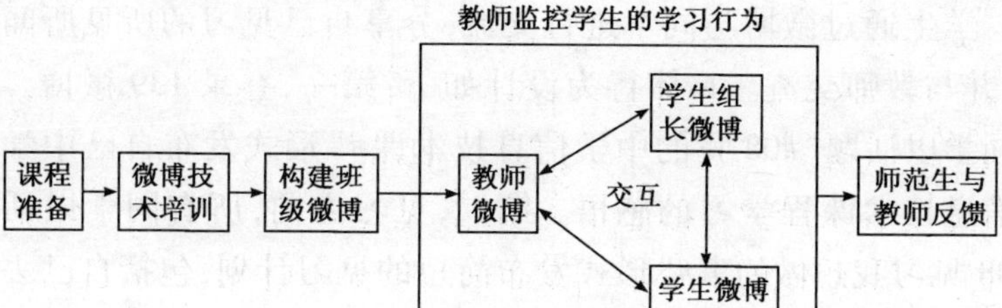

图 3.82　基于微博的教育见习实施流程

① 高山.微博在师范生实践教学中的应用——以华东师范大学 08 级教育信息技术学系师范生为例[D].华东师范大学,2012.

(1) 课前准备

了解学生拥有电脑、手机的状况及其对基本信息进行辨别的能力。这是微博应用的前提。

(2) 微博技术培训

在课程前实施微博技术培训,包括如何使用手机或电脑注册和登录微博,如何完成添加关注、找人,发布、评论、转发微博等操作。

(3) 构建班级微博

班级参与者要求尽量使用真实姓名或相近的名称注册微博,以便辨认和监督。在同所见习学校实习的同学为一组,同组员之间互相关注,此外学生还可以对感兴趣的同学添加关注。授课老师关注各组组长,全部学生关注授课老师。

(4) 教师微博行为

教师通过微博发布见习要求、作业等通知,将见习时学生通过微博讨论的情况作为评定其见习成绩的参考标准之一。通过微博监控学生见习开展情况,对于同一见习小组主要通过浏览见习组长的微博来了解该组的见习进度,并通过浏览组长发布的小组作业对学生作业进行评价。对学生见习时的讨论进行回复与评价。

(5) 学生微博行为

学生通过微博与同学进行交流,分享自己见习的所见所闻所感,并与教师交流。具体行为设计如下:第一,登录 139 微博。所有同学以话题"#08 我的中学信息技术课#"形式发布自己中学时对信息技术课程学习的感悟。第二,见习之前,所有同学以话题"#08 见习我想做的事#"形式发布简短的见习计划,包括自己去见习学校后想做的工作、想了解的情况。第三,所有人以话题"#08 见习我的学校简介#"的形式发布简短的有关见习学校的介绍,可包括见习学校信息化建设情况、见习师范生的主要工作等。第四,所有同学以话题"#08 见习我的指导老师#"形式发布简短的有关见习指导老师的介绍,可以对指导老师进行访谈,提问有关如何做好教学工作，如何让别人重视自己的工作，多年工作感受等问题。第五，所有同学以话题"#08 见习第一天#"、"#08 见习第二天#"等形式发布有关自己在见习学校一周发生的事情、所做的工作、了解的事情。其他同学围观并对其中感兴趣的一条微博发表评论。第六，所有同学以话题"#08 见习我的收获#"形式发布自己的见习收获、感悟。第七，所有学生以话题"#印象最深的教学法#"、"#如何分组#"的形式发布自己对教学方法的看法。鼓励学生使用图片、视频等多媒体形式发布信息。第八，小组长以话题"#08 见习教案#"的形式发布小组教案（如果格式复杂，可以用图片上传）。其他同学可评论教案。

(6) **学生与教师反馈**

课程教学结束时，对参与的同学和教师进行问卷调查与访谈，获取师生对微博在见习教学中应用情况的具体反馈。

3.4.5 结语

虽然微博是一种大众娱乐软件，但是如果我们充分利用其广泛的网络关系、海量的信息资源等优势，将它运用到教育教学中，一定能解决教学中因地理位置限制、时间限制、资源限制等导致的诸多问题，使其真正成为一种辅助教学的软件，给教师和学生提供极大的方便。

第4章 课堂管理

手机、计算机、平板电脑等设备在人们的生活中占据着越来越重要的地位,在信息技术的支持下,它们能帮助人们完成许多复杂而重要的工作。遗憾的是,人们无法随时随地同时携带这些设备,远程终端控制软件的出现解决了这一难题。在不同的移动设备和计算机上,只要安装了远程控制软件,就能控制远程设备、调用资料、分享信息。本章将为大家介绍的是 TeamViewer 和 Splashtop 两种远程控制软件,介绍它们的使用方法和教学应用案例。

4.1 TeamViewer

4.1.1 TeamViewer 简介

TeamViewer 是一款简单、易用的远程系统管理软件,用于团队协助、共享桌面,易操作、功能强大,无需配置即可穿越各类防火墙、NAT 路由器和代理服务器,不被杀毒软件所干扰,快速高效。① TeamViewer 可以通过 Web 连接,可以实现远程控制、在线会议、团队协作、演示、培训、文件传输、聊天等功能。这些功能若在教学中

① 冯光午,赵庆明,肖庆,王军. TeamViewer 在远程系统管理中的应用[J].时代教育:教育教学刊,2011.

恰当运用，则可以提高教学和管理效率。

它具有如下的特点与优势：

1.远程控制方便

要实现远程控制，无需系统登录，只需要控制端和受控端计算机同时运行 TeamViewer，启动软件时服务器便会自动分配一个 ID 和密码，ID 是固定的，密码是随机的(也可以设置固定密码)，只要知道对方的 ID 和密码即可实现远程控制。也可以预存受控主机的 ID，并将受控主机设置为固定密码，这样可以实现访问无人值守计算机。点击“连接至伙伴”，实现一键连接，不限配置，方便高效，而且可以一键实现受控端和控制端之间的角色互换。TeamViewer 无需双方都有人守着，只要通过验证同意等步骤，可随时连接、随时断开。

2.文件传输速度快

文件传输是双向进行的，既可以从被控主机传给控制端，也可以从控制端发送文件到被控端。在一项远程控制软件的评比测试中，TeamViewer 在文件传输上表现出色，在相同网速情况下，TeamViewer 占用带宽最少，可达到网络的上限，在传输大文件时，更显示出其优势。

3.VPN 功能

TeamViewer 自带 VPN 功能，可将被控主机和控制端主机置于一个虚拟的局域网中。无需担心防火墙、端口限制或 NAT 路由，可顺利地连接到远程计算机上。

4.最高安全标准

TeamViewer 包含丰富的加密，基于 RSA 私有/公共密钥交换和 AES (256 位)会话编码。该技术基于与 https/SSL 相同的标准，被现今的标准认为是完全安全的。密钥交换还可以确保与客户之间的数据保护。

5.全键盘输入

支持移动端和 PC 端远程键盘的使用，包括一些特殊键，比如"Ctrl+Del+Alt"、"Alt+Tab"等。对于许可证用户而言，所有在主机端的安装均是完全免费的，只需一端安装许可证，即可执行 TeamViewer 会话。这样只需一个许可证即可为无数客户提供服务。

6.移动端应用

据一项远程控制软件评比测试数据显示，TeamViewer 和网络人都展现了良好的性能。TeamViewer 的特色在于可支持多种移动设备的应用。

评比结果

	系统远程协助	QQ远程协助	TeamViewer	网络人
流畅	2	3	5	4
穿透	2	5	5	5
共享	5	2	3	4
启动	3	2	4	5
安全	3	5	4	4
键盘	4	3	4	4
总分	19	20	25	26

图 4.1　评比结果①

TeamViewer 适用于 Android、iOS 以及 Windows 8/RT，可以随时随地访问远程计算机。

4.1.2　TeamViewer 的使用方法

1. 注册与登录

安装 TeamViewer 时，弹出如图 4.2 所示对话框，用户可根据需要安装或直接运行软件。

① 张小伟.远程控制——让网络更方便，载《电脑迷》，昆明，云南人民出版社，2010.

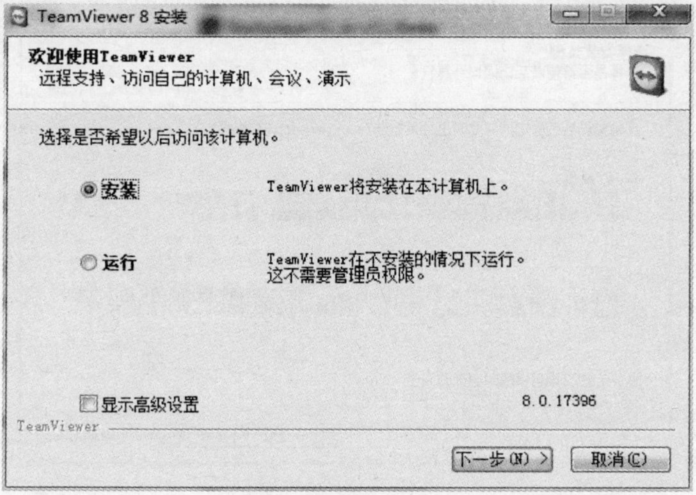

图 4.2　安装 TeamViewer

选择使用环境:公司/商务用途需要购买许可证,对于许可证用户而言,所有在主机端的安装均是完全免费的,只需一端安装许可证,即可执行 TeamViewer 会话,为无数客户提供服务。个人/非商业用途保持 TeamViewer 完整版功能,但用户数量受限,只能满足非商业用途的使用。

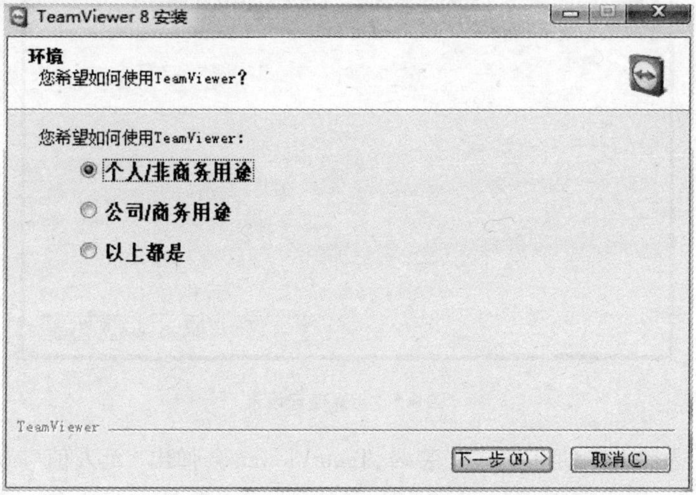

图 4.3　TeamViewer 的安装环境

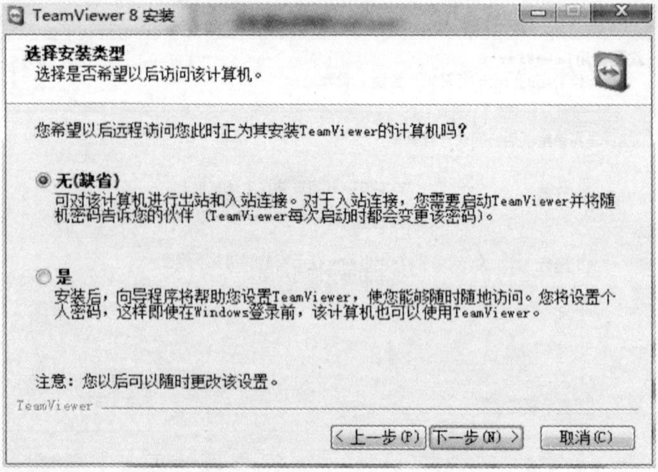
TeamViewer 8 安装
选择安装类型
选择是否希望以后访问该计算机。
您希望以后远程访问您此时正为其安装TeamViewer的计算机吗?
无(缺省)
可对该计算机进行出站和入站连接。对于入站连接，您需要启动TeamViewer并将随机密码告诉您的伙伴 (TeamViewer每次启动时都会变更该密码)。
是
安装后，向导程序将帮助您设置TeamViewer，使您能够随时随地访问。您将设置个人密码，这样即使在Windows登录前，该计算机也可以使用TeamViewer。
注意：您以后可以随时更改该设置。
TeamViewer
< 上一步(P)
下一步(N) >
取消(C)

图 4.4　TeamViewer 的安装类型

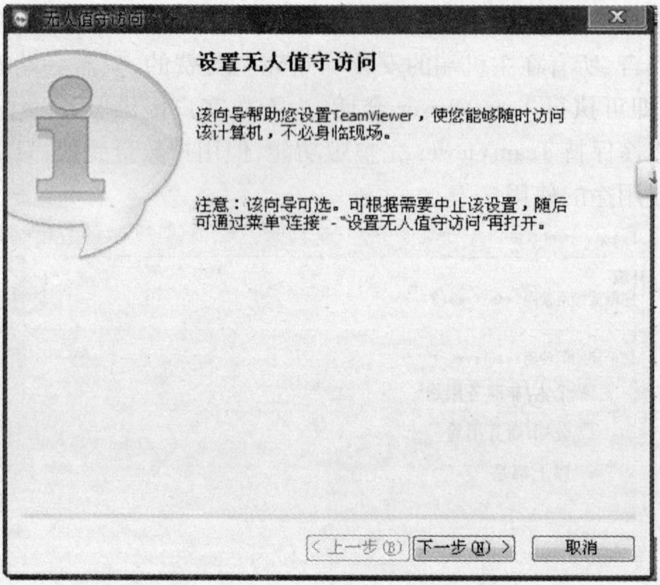
无人值守访问
设置无人值守访问
该向导帮助您设置TeamViewer，使您能够随时访问该计算机，不必身临现场。
注意：该向导可选。可根据需要中止该设置，随后可通过菜单"连接"-"设置无人值守访问"再打开。
< 上一步(B)
下一步(N) >
取消

图 4.5　无人值守设置

选择无人值守模式安装时，TeamViewer 会弹出“无人值守访问”对话框，用户可根据提示填写电子邮件、用户名及密码进行注册，如

图 4.6 所示,再设置计算机名称和个人密码,如图 4.7 所示。

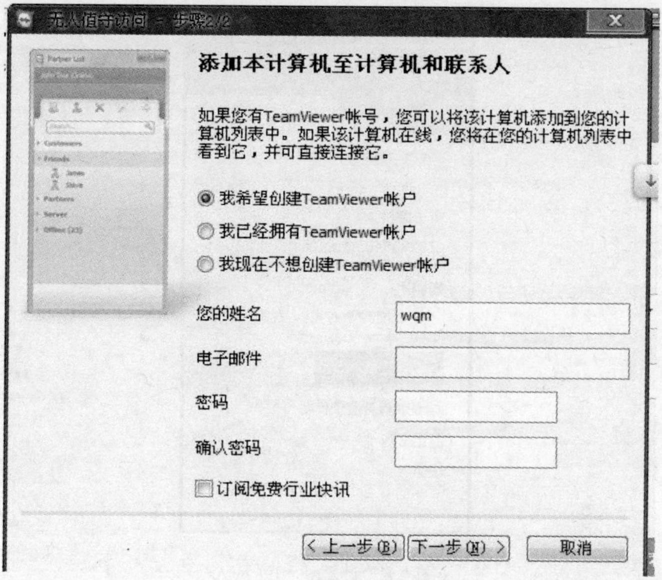

图 4.6　创建账户

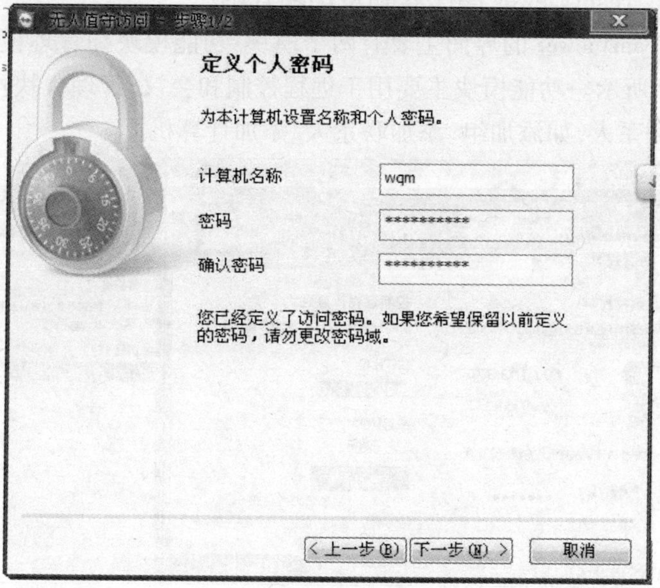

图 4.7　定义个人密码

完成后即可进入登录页面进行登录,如图 4.8 所示。

图 4.8　计算机和联系人

2. TeamViewer 操作界面及功能介绍

TeamViewer 的界面主要有两个模块:功能模块和管理模块,如图 4.9 所示。功能模块主要用于远程控制和会议,管理模块可用于管理联系人,如添加组、添加联系人、添加计算机。

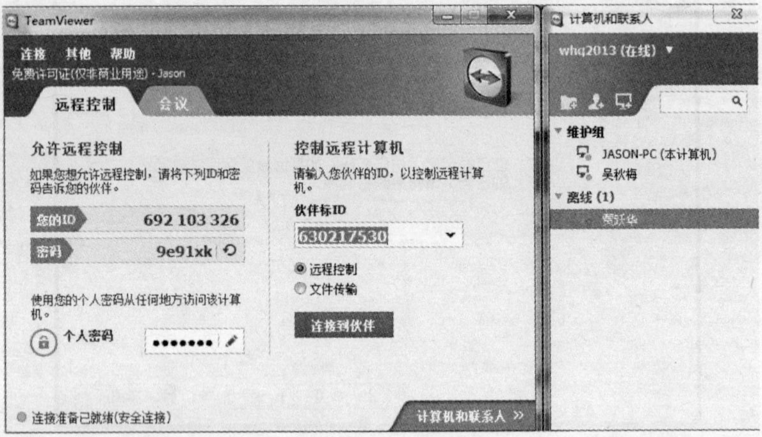

图 4.9　操作界面

(1) 会议

会议功能包括召开临时会议、安排会议和加入会议。

①召开临时会议

召开临时会议功能可用于召开自发会议并邀请参与者,其操作界面如图 4.10 所示。每一栏功能前的三角符号用于显示或关闭当前功能的详细内容,每一栏后面的选项可用于设置相关详细信息。

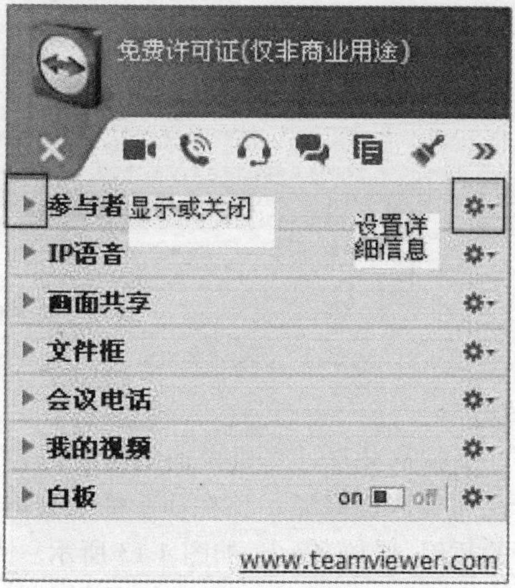

图 4.10 会议功能

A.参与者

打开参与者,即可显示当前参加会议的人员并可邀请参加会议的人,如图 4.11 所示。

图 4.11 邀请参与者

第4章 课堂管理

B.IP 语音

可控制当前的麦克风和扬声器，如图 4.12 所示，点击选项可对语音进行设置。

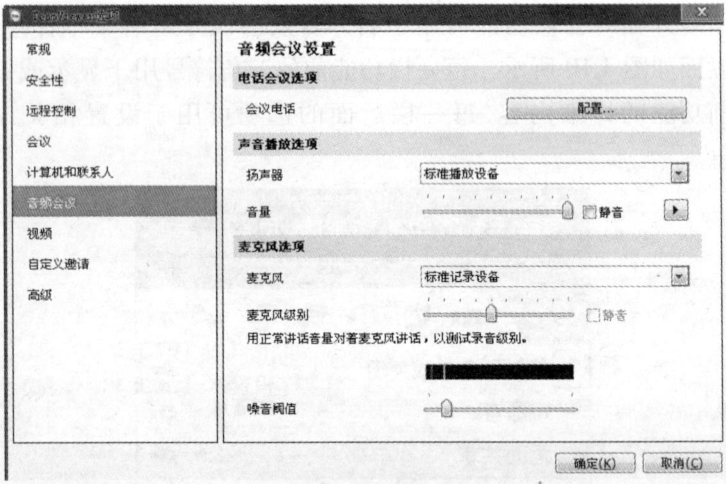

图 4.12　语音选项设置

C.画面共享

打开画面共享默认共享计算机桌面的所有内容，对“正在演示画面”进行选择，可让画面只显示正在演示的部分内容。右侧的按钮可设置画面的暂停、播放、停止，如图 4.13 所示。点击选项，可设置共享音乐和声音，以及对会议过程进行录制和记录。点击停止录制后，会弹出保存文件的对话框，进行保存设置即可。

图 4.13　画面共享

例如,会议中需要展示计算机中的 PPT,即可打开画面共享进行演示。

D.文件框

可用于共享文件,如图 4.14 所示。直接将文件拖曳至文件框处,或者点击蓝色文件标志选择共享文件,或者点击选项选择文件即可。

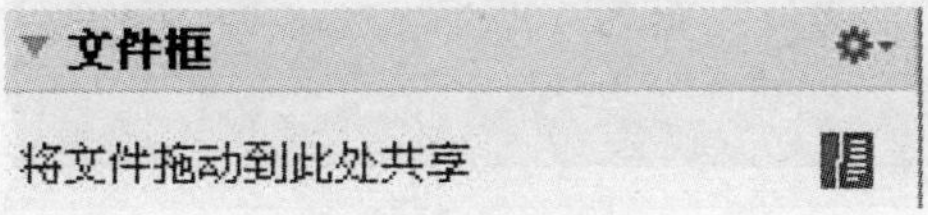

图 4.14 文本框

例如,会议中需要阅读相关文件或报告,可以利用此功能对文件进行共享。

E.会议电话

打开会议电话后,选择你的当前位置,如图 4.15 所示。

图 4.15 会议电话

F.我的视频

打开我的视频,即可打开计算机摄像头,可共享当前摄像头拍摄到的画面,如图 4.16 所示。

图 4.16　我的视频

点击选项，可设置视频，如图 4.17 所示。

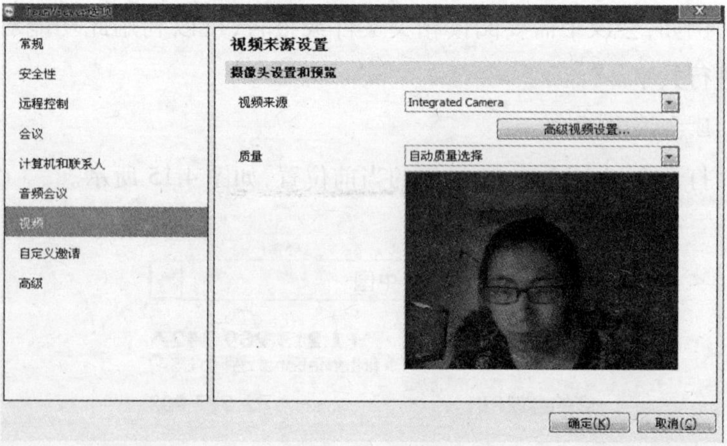

图 4.17　视频设置

G.白板

配合画面共享功能，使用白板可方便演示，在会议中能很好地表达重点。其界面如图 4.18 所示。

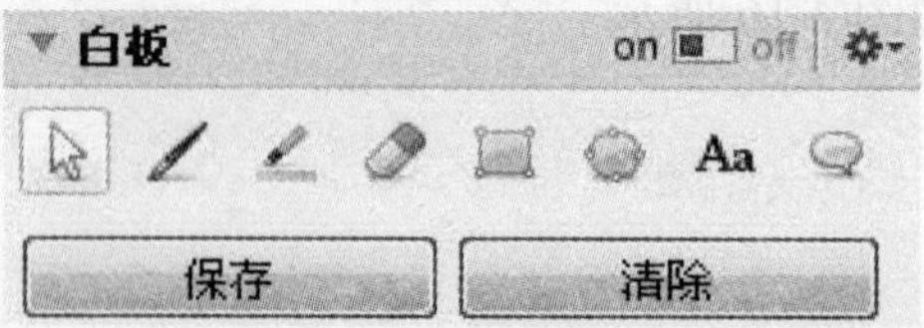

图 4.18　白板界面

例如，会议中需要在演示 PPT 中进行重点强调，利用白板功能可轻而易举地实现。

H.我的会议

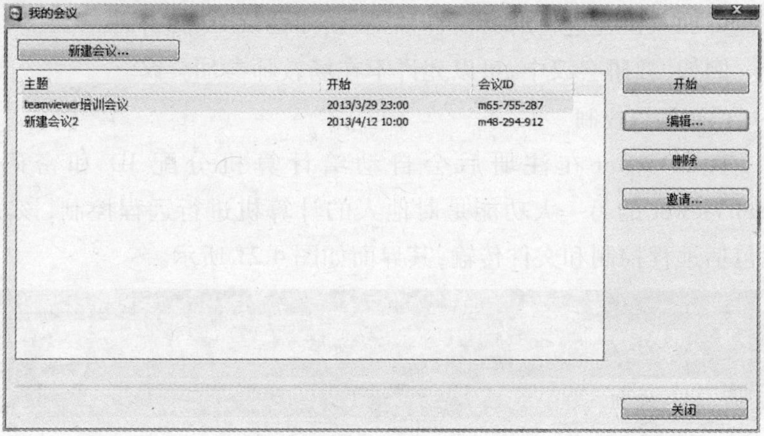

图 4.19 我的会议

可新建会议、编辑会议、删除会议、保存会议、邀请同事参加会议。

I.安排会议

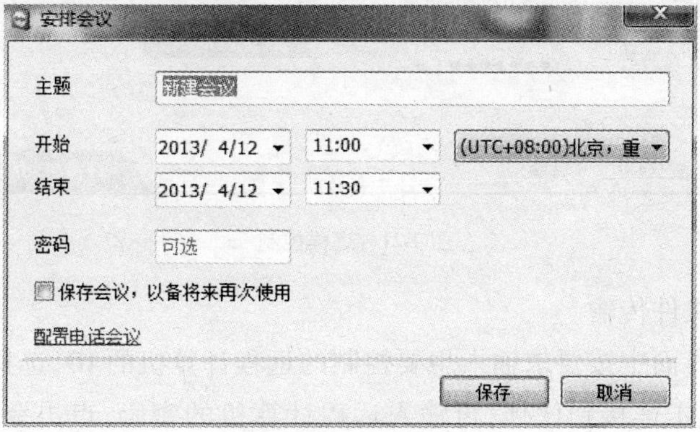

图 4.20 安排会议

可设置会议主题、开始和结束时间、进入会议密码，可配置电话会议。会议通知借助 Windows Outlook 通过邮件的方式发送，首次使用 Windows Outlook 需要进行简单设置。

②加入会议

可加入正在进行的会议，但需要获知会议 ID 和密码。

例如，教研会议中，可以允许不在场教师参加会议。

(2) 远程控制

TeamViewer 在注册后会自动给计算机分配 ID 和密码。TeamViewer 的另一大功能是对他人的计算机进行远程控制，该功能包括远程控制和文件传输，其界面如图 4.21 所示。

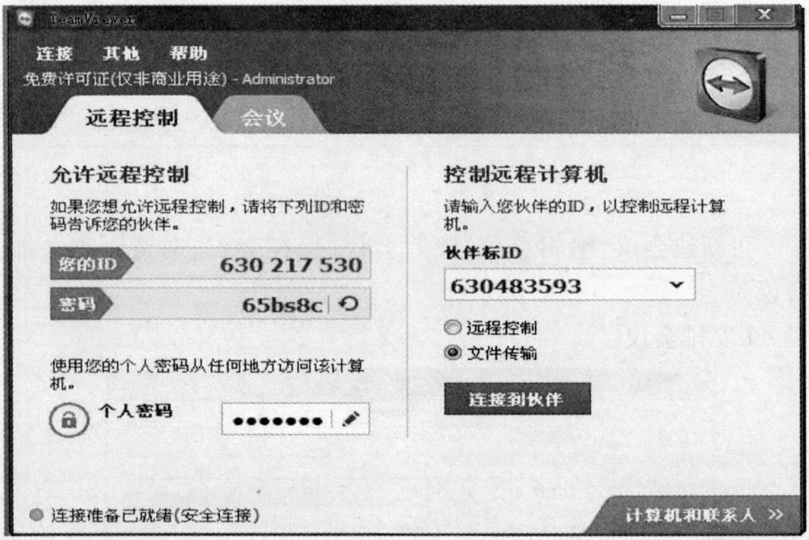

图 4.21 远程控制

①文件传输

在界面中按要求输入想要控制的远程计算机的 ID，选择"文件传输"点击连接到伙伴，再输入远程计算机的密码，点击登录后即可进行文件传输操作。其界面如图 4.22 所示，左侧为本计算机的文件，右侧为远程计算机的文件。从左侧选择本计算机要发送的文件，右侧选择存放的位置，点击"发送"即可。

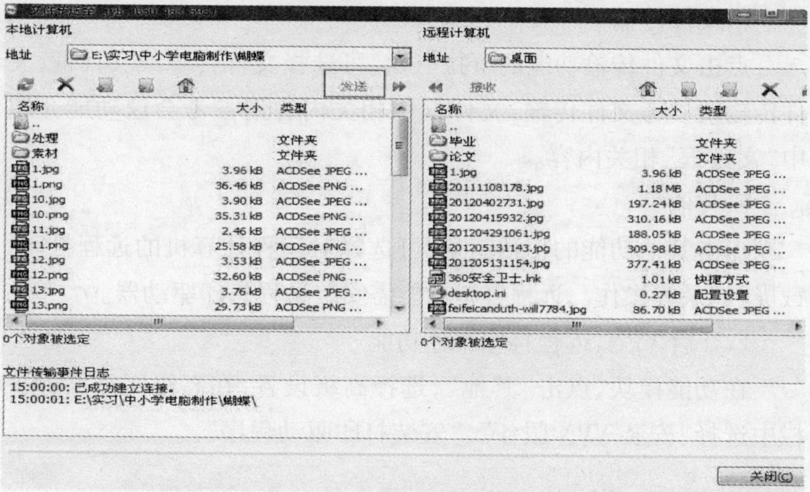

图 4.22　文件传输

②远程控制

在界面中按要求输入想要控制的远程计算机的 ID,选择“远程控制”点击连接到伙伴,再输入远程计算机的密码,点击登录后即可进行远程控制操作。如图 4.23 所示。

图 4.23　操作菜单

A.动作

点击动作功能的下拉三角,可选择对控制的计算机进行远程重启、锁定等一系列操作。

B.查看

点击查看功能的下拉三角,可选择对操作界面的分辨率、屏幕大小等参数进行设置。

C.音频/视频

点击音频/视频功能的下拉三角,可选择与控制的计算机进行远程聊天、视频、IP 电话,其操作界面请参考会议部分的相关内容。

D.文件传输

点击文件传输功能的下拉三角,可选择文件传输或文件框,文件传输请参考文件传输,文件框中相关内容请参考会议功能介绍中"文件框"相关内容。

E.其他

点击其他功能的下拉三角,可选择对远程计算机的远程打印、截屏、记录等操作。远程打印功能需安装远程打印驱动器。

F.开启 VPN、远程打印服务功能

在功能模块,点击"其他",选择高级设置,在高级网络服务一栏中选择"安装 VPN 服务"、"安装打印驱动程序"。

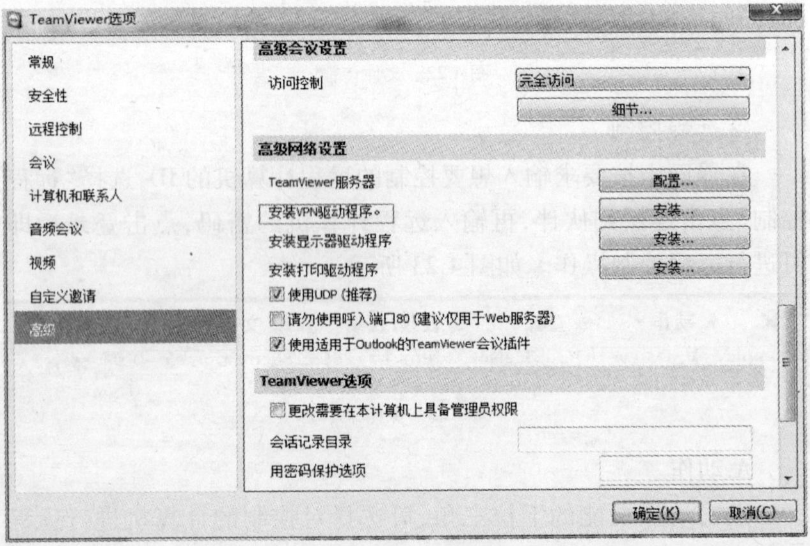

图 4.24　高级选项

G.设置无人值守访问

如果用户在安装时选择了"缺省"安装,现需要设置无人值守模式,可在功能模块点击"连接",在弹出的列表中选择设置无人值守访问。

4.1.3 经典案例

通过上面的介绍和分析,可以看出 TeamViewer 在远程协作和远程控制方面的强大功能。随着用户和移动设备的不断增多,大量的管理人员加入 TeamViewer 的队伍中,实现远程设备维护和远程协助。这里介绍其应用案例。

案例 1:远程重装系统①

背景:凌晨 2 点,办公室电脑运行出错,需要重装系统,但是人无法到办公室,时间紧迫,所以决定远程对办公室的电脑重装系统。

操作过程:

(1) 对 Windows 进行设置

确保电脑重启后会自动利用 Ghost 镜像文件进行安装。

(2) 定制镜像文件

系统重装后,TeamViewer 软件没有了,为了实现重装后远程控制,使用 Ghost Explorer.exe 将 Ghost 镜像文件做修改,将安装好的 TeamViewer 文件夹复制到镜像文件里的 C:\Program Files 中,这样新系统安装的同时也安装了 TeamViewer 文件。

(3) 制作启动菜单批处理

新系统安装好后,需要运行 TeamViewer 才能实现远程控制,需要编写一个批处理文件 a.bat,内容包含一行语句:"C :\ Program\ Files\TeamViewer\Version6\ TeamViewer.exe"--control"%1",作用就是启动 TeamViewer。将这个批处理文件放进 Ghost 包中,位置是"C :\Documents and settings\administrator\[开始]菜单\程序\启动"文件夹下。

(4) 搜寻受控密码,制作 reg

系统重装后,TeamViewer 用户设定的密码也无效了,依然无法

① 赵睿.远程重装系统手记.电脑爱好者,2012(10).

控制远程计算机。经过测试,在注册表中找到 TeamViewer 一项,其中 SecurityPasswordAES 这一行就是密码,将其导出,保存在 E 盘,取名为 tea.reg。

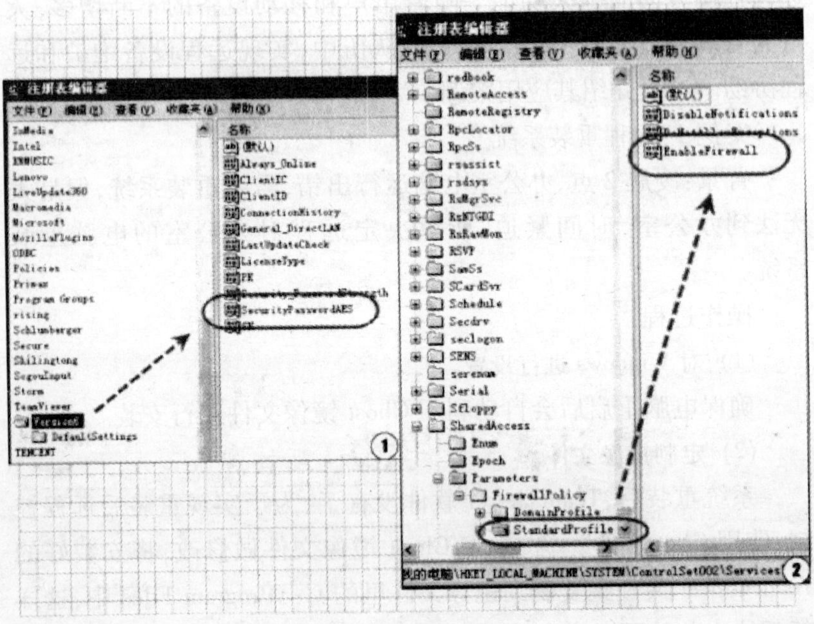

图 4.25 注册表编辑

(5) **启动菜单自动导入 reg**

如果直接把 reg 文件放进启动菜单,那么系统开机的时候会自动执行该注册表,但是不会导入 reg,而是弹出一个导入对话框,如果是在本机操作,单击确定就可以了,但因为此时远程电脑已不受控制,所以,这一步会卡住。这时,需要在批处理文件中添加一条语句,a.bat 的内容就变成了如下语句:

Regedit.exe/s "e:\tea.reg"

"C:\Program Files \TeamViewer\Version6\TeamViewer.exe" --control" %1"

第一行先导入注册表,第二行启动 TeamViewer 受控端。

(6) **再改批处理设置延时**

批处理命令会在进入系统后马上执行,但如果受控机器配置低,开机速度比较慢,Windows XP 在开机后,网络不能马上连接,因为初始化要等待一段时间,而 TeamViewer 却早早运行,那么这时系统可能会因没有网络而产生错误,所以需要再次修改 a.bat 文件。

```
Regedit.exe/s“e:\tea.reg”
@ echo off
echo %time%
Ping/n60 127.1 >nul
echo %time%
“C:\ Program Files\TeamViewer\ Version6\ TeamViewer.exe”--control”%1”
```

其中 Ping/n60 127.1 >nul 一行的意思就是等待 60 秒左右的时间。

(7) **登录路由器,绑定地址**

系统安装好后,自动获取的 IP 地址可能有所变化。若之前我们查看了受控计算机的 MAC 地址,且登录了路由器,将其 MAC 地址和 lP 地址绑定在一起,那么就算重装系统,其获取的 IP 地址也不会发生改变。

(8) **导出防火墙 reg 文件**

一般情况下,新安装系统的本地连接的防火墙是打开的。因为 TeamViewer 软件在启动的时候会访问网络,所以防火墙会弹出是否解除阻止对话框,如果不解除阻止的话,Windows 的系统防火墙会自动阻止 TeamViewer 访问网络。防火墙的打开和关闭在注册表中有所体现,其中 Enablefirewall 项就是是否打开防火墙的语句,如果值为 0,则关闭防火墙;如果值为 1,则打开防火墙,将其导出,取名为 fire.reg,存放在受控机的 E 盘。

(9) **让批处理导入防火墙 reg**

再次修改 a.bat ,内容如下:

```
Regedit.exe/S "e:\tea.reg"
Regedit.exe /S "e:\fire.reg"
@echo off
echo %time%
Ping/n60 127.1 >nul
echo %time%
"C:\ Program Files\TeamViewer\ Version6\ TeamViewer.exe" --control"%1"
```

(10) 远程复制，重装系统

首先通过共享文件夹，将做好的注册表文件 Ghost 安装镜像文件（修改过的）都复制到受控机器的指定位置，然后在受控机上运行一键还原，这时出现选择文件对话框，选择复制过去的 Ghost 镜像文件并确定，受控机器就会重新启动，完成系统重装。

重装后的系统，TeamViewer 会自动启动，并实现远程控制。本案例适合网络管理员在无人值守计算机上完成系统的重装，经过几处简单的修改，完美实现了 TeamViewer 在远程计算机管理上的功能，给网络管理员带来了方便。

4.1.4 案例设计——巧用 TeamViewer，为网络管理员"减负"

1. TeamViewer 演示功能

随着我国学校信息化建设的不断深入，越来越多的教师开始使用计算机备课和授课，以丰富课堂内容，拓展学生视野，尽力为学生营造更加良好的学习氛围。但是鉴于学科限制，一些办公软件的某些功能对中老年教师来说是个不小的挑战，使他们在应用中产生比较大的障碍，从而挫伤了教师的积极性。多数情况下，他们遇到此类问题的解决方案是向学校管理员求助。如果管理员不停地往返于各个科室处理这些问题，工作量将变得非常巨大，也会影响管理员的工作热情。这里将利用设计的一些案例介绍如何使用 TeamViewer 的远程控制功能,实现为管理员减负的目的。

案例 1:数学组王老师正在使用 Word 准备微积分的单元测试题,在编写题目时发现公式的输入是个头疼的问题,于是他向管理员求助。

条件:教师机(代指王老师的计算机,后面类似处理)安装 TeamViewer,并且已设为开机自启动,管理员已知教师机的随机密码。

过程:

(1)管理员打开 TeamViewer,展开"计算机和联系人",在"数学"组找到王老师。双击快速连接到教师机,在弹出的对话框输入教师机随机密码(询问王老师),成功连接,此时管理员可操控教师机。

(2)打开"测试卷.doc",在菜单栏中选择"插入",单击"公式",弹出公式工具条,选取每一个符号,插入显示效果。同时可使用聊天功能,确认王老师完全明白操作步骤后,断开连接,完成协助。

案例 2:在上述案例中,如果王老师在管理员演示操作结束后,仍存在问题,比如记不清操作顺序,那么这时就可借用 TeamViewer"录屏"功能,将管理员操作步骤录制下来,然后将录制好的视频传送给王老师,供其参考即可。

2. TeamViewer 文件传输功能

案例:张老师正准备去某学校上公开课,到达会场时才想起一份重要的文件忘在了办公室,开会在即,回去取是不可能的。因为文件存放位置记得不是很清楚,并且同事们都在上课,也无法帮助他传文件,他急中生智,想起出门时自己电脑并未关机,而且 TeamViewer 通常是开机自启动的。于是,他尝试使用 TeamViewer 将文件传输过来。他拿出手机,连接 WiFi,点击 TeamViewer 图标,输入 ID 和密码后，选择“文件传输”，结果成功连接，在打开的目录列表里找到了文件，将文件传输到了手机，解了燃眉之急。

3. 远程维护功能

计算机经常会出现各种各样的故障，硬件故障无法通过远程控制来实现，但是一些软件上的故障是可以通过远程来维护的。比如驱动程序未正确安装，进行远程打印设置、软件安装等。

案例：语文组张老师前几天请同事重装了系统，由于疏忽，忘记安装打印机驱动和进行相关设置，以致他无法使用办公室的打印机打印文件，给工作带来了不便。为了让管理员少走冤枉路，他决定在网上找管理员求助。

条件：双方计算机都安装 TeamViewer，管理员已知张老师的计算机 ID 和随机密码。

过程：在了解张老师的问题之后，管理员迅速打开 TeamViewer，使用“文件传输”，填写正确的 ID 和密码后成功连接上张老师的计算机，管理员将打印机驱动程序发送到张老师的计算机 D 盘新建文件夹中，点击安装程序并进行一些相关设置，打印测试页，结果打印成功，问题解决了。

4. 在线会议

在学校日常工作中，需要不定期地组织一些会议，其中一些会议可能仅仅需要解读一些文件中的关键点，这就需要把有关教师召集起来，花费了不少时间。为了尽量减少此类情况的发生，可以考虑使用 TeamViewer 提供的完整会议功能，包括会议安排、发布通知等。下面以案例的形式介绍 TeamViewer 的会议功能。

案例 1：TeamViewer 提供了会议存储功能，比如每周一次的党支部会议，可以先将会议保存下来，这样下周召开时就不需要重新安排会议，如需更改会议内容或成员，可点击“编辑”、“邀请”和“删除”进行相关操作即可。

图 4.26　编辑会议

案例 2:学校近期和某网络公司开展反转课堂的合作,定于本周三对学校青年教师做一次培训,希望他们使用××软件后,对××软件的功能提出意见。不巧的是张老师有事不能到场,于是,管理员建议她使用 TeamViewer,连接到演示台上的计算机,远程听取会议内容。

过程:

(1)演示计算机和张老师的计算机同时开启 TeamViewer,演示人员召开会议,同时把会议 ID 和密码告知张老师。

(2)张老师在“加入会议”界面中,输入正确的会议 ID 和密码,进入会议。

(3)演讲者对张老师共享桌面或者演示程序,如图 4.27 和图 4.28所示。

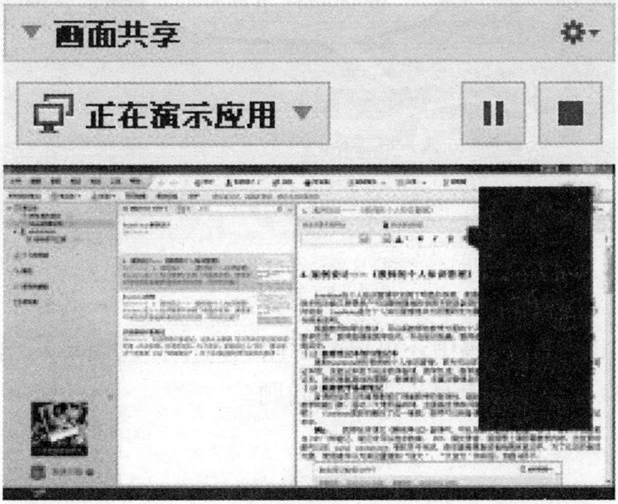

图 4.27　画面共享

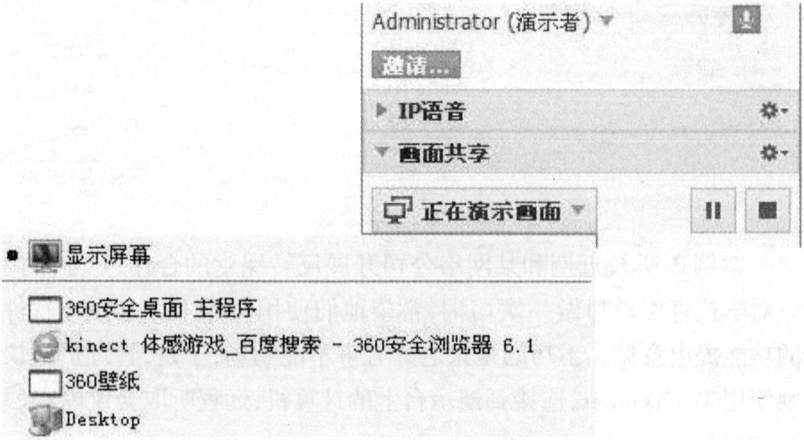

图 4.28　画面共享选项

(4)演讲者开启 IP 语音,使张老师可以参与会场交流。

(5)提问环节,在场教师都可以对××软件提出自己的意见,张老师也可以发表自己的意见。此时演示者可以开启 TeamViewer 白板功能,通过白板功能在演示计算机上涂鸦,如图 4.29 所示。

图 4.29　会议白板

(6)图 4.29 涂鸦中还可以显示涂鸦的作者,如 Jason,这样可以让其他参会者都知道是谁提出的问题。

5. 基于网络管理学校的所有计算机

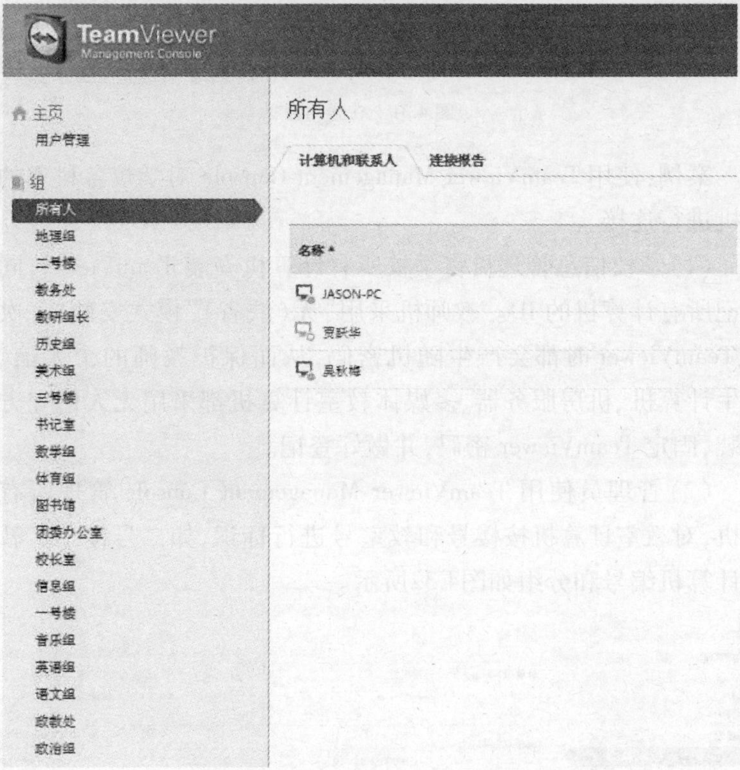

图 4.30　TeamViewer Management Console

TeamViewer Management Console 可以对学校内所有的 TeamViewer 账户进行管理，为学校员工创建 TeamViewer 账户，禁用或者修改 TeamViewer 账户密码，如图 4.30 所示。无论是 Windows 或 Mac，还是基于浏览器或智能手机，均可记录支持团队的所有连接。同时记录所有支持连接，直接从 TeamViewer Management Console 实现基于网络的连接，如图 4.31 所示，从而快速连接到求助的计算机，使操作更加方便。

图 4.31　在线用户

案例:使用 TeamViewer Management Console 对学校各科室的计算机进行连接。

(1)学校信息管理员将学校所有计算机安装 TeamViewer,同时登记所有计算机的 ID。教师机采用“无(缺省)”模式安装,每次启动 TeamViewer 时都会产生随机密码,从而保护教师的个人信息。学生计算机、机房服务器、多媒体教室计算机都采用无人值守方式安装,固定 TeamViewer 密码,并做好登记。

(2)管理员使用 TeamViewer Management Console 管理所有计算机,对教室计算机按楼号和教室号进行标识,如二号楼 101 教室的计算机编号和分组如图4.32所示。

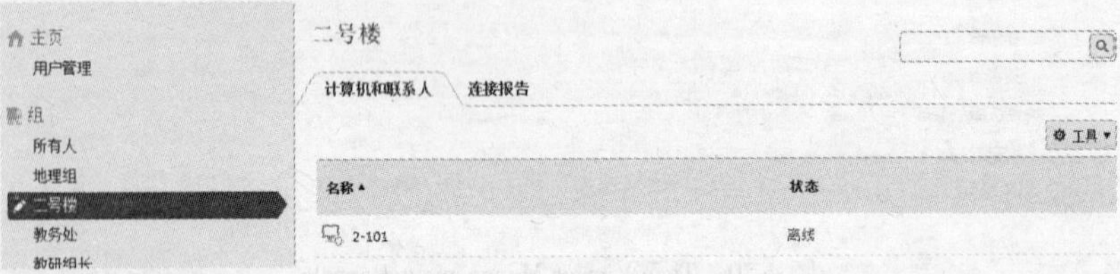

图 4.32　二号楼用户组

对学生机房计算机按机房号和座位号进行标识,分组如图4.33所示。

图 4.33　二号机房用户组

对各教研组计算机按学科名称分组,名称对应为各个教师的真实姓名,方便管理或者发布通知、组织会议等,如图 4.34 所示。

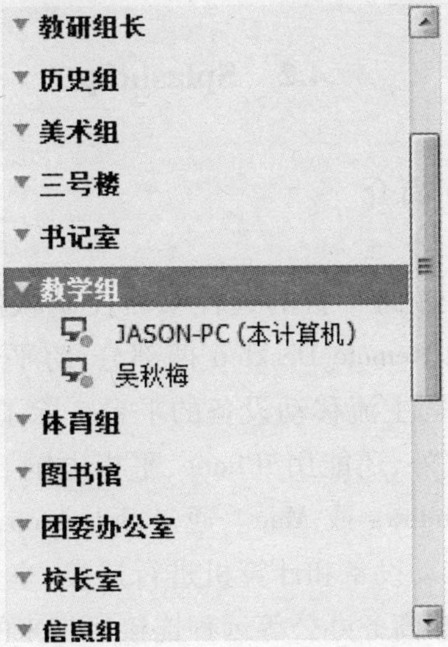

图 4.34　数学组

TeamViewer Management Console 还提供用户管理、连接报告等功能,方便使用者管理用户、查看连接和获得更多的连接管理权限,遗憾的是这些高级功能主要用于商业用途,且需要购买许可证,然而许可证价值不菲,对于学校管理员来说,只能望而却步。

4.1.5　结语

TeamViewer 其方便快捷的跨网络连接,以及新增的移动端的应用,使得个人计算机管理、学校计算机管理、服务器管理、文件传输和远程协助变得更加有效,而且在带宽有限的条件下,还尽量为用户提供良好的界面显示。其会议功能拓展了远程操作软件的使用范围,白板、文本框共享文件等功能在这里也发挥了很好的作用。

4.2 Splashtop

4.2.1 Splashtop 简介

Splashtop 是一款跨平台的远程桌面控制软件,它包括服务端 Streamer 和客户端 Remote Desktop 两部分,跨平台支持 Win、Mac,甚至 iOS、Android 等主流移动设备的平台。除了可以在 Win/Mac 平台上互相控制之外,还能用 iPhone、平板电脑、Android 智能手机等设备来控制 Windows 或 Mac。通过 Splashtop,用户可以随时随地通过互联网将移动设备和计算机进行连接,享受远程服务,如享受看电影、玩游戏和商务办公等远程连接所带来的便捷。

目前,Splashtop 已经发展到第二代,并且已经应用于多个领域,包括教育、金融、医疗、制造、地产和公共部门等。Splashtop 包含了一整套应用软件,比如 Whiteboard、CamCam、XDisplay、Touchpad 和 Presenter 等。本节所介绍的是 Splashtop 2,并在其远程监控的基本功能上,进一步介绍 Whiteboard 的功能及其在教育中的简单应用。

Splashtop 作为一款跨平台的远程桌面控制软件,为我们的日常工作、学习和生活提供了很大的方便,它具有如下特点和优势:

(1) 便捷性

我们的移动设备诸如平板电脑、智能手机、笔记本电脑等,只要加入互联网,就可以随时随地对服务器端的电脑进行连接并操控,其效果犹如在本地计算机上操作。这样,即使我们出差在外,也能使用安装在其他电脑上的应用程序和保存在本地计算机上的文件了。

(2) 跨平台

在当今主流的平台上,如 Windows、linux、Mac、iOS、Android、WebOS、BlackBerry OS 等,完全可以运行 Splashtop 软件。除了可以

在 Win/Mac 平台上互相控制移动设备之外，还能用笔记本电脑、平板电脑、Android 智能手机等移动设备来控制 Windows 平台和 Mac 平台。

(3) 实用性

经过证明，Splashtop 软件很实用。譬如远程查看和编辑文件（无需传输和同步），使用你喜欢的 Mac 和 Windows 程序观看高清电影、电视和 Flash 视频，聆听远程电脑上的音乐，全面支持音频和视频演讲，玩高档游戏，阅读电子邮件，和朋友聊天，共享图片等。

(4) 安全可靠

Splashtop 非常注重用户的信息安全。对于个人应用来说，Splashtop 在服务器端设置了安全码，任何连接服务器端电脑的客户端设备都必须输入安全码，以及客户端电脑的账户登录密码。对于企业级应用来说，Splashtop 为企业提供定制应用层路由服务器和管理控制台的远程桌面解决方案。

(5) 高性能

Splashtop 在保证时间延迟、画面质量、帧率等方面的效果上，只需占用很低的带宽数据流量。Splashtop 非常关注用户体验，它们希望用户在远程观看电影能够有流畅、快速、紧凑的观影体验，就像这部电影本身一样。可见 Splashtop 的性能十分强大。

4.2.2 Splashtop 的使用方法

1. 安装

Splashtop 服务器端程序的下载链接为 http://www.splashtop.com/zh-CN/streamer/downloadstart? platform = Windows。这里介绍 Splashtop 服务器端在 64 位 Window 7 操作系统上的安装过程。

下载完成后，双击打开应用程序，进入解压缩的过程，这个过程无需任何操作，解压缩完成后弹出服务条款对话框，单击接受按钮进入 Splashtop 服务器端的操作界面。

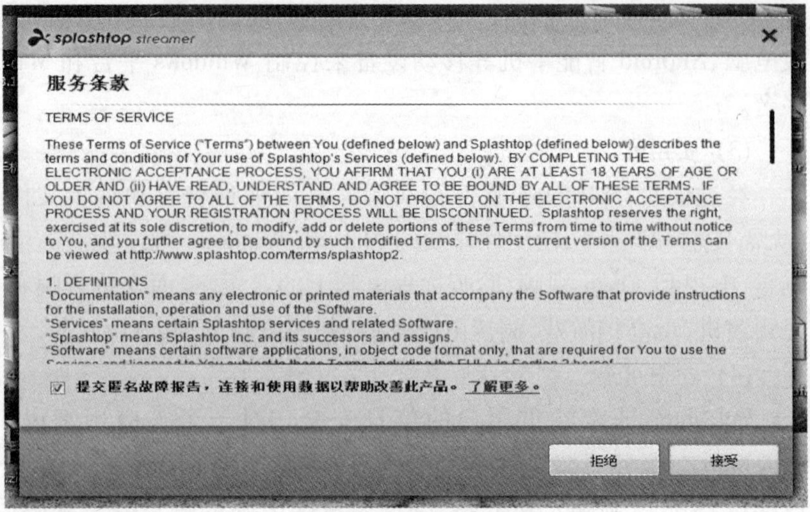
splashtop streamer
服务条款
TERMS OF SERVICE
These Terms of Service ("Terms") between You (defined below) and Splashtop (defined below) describes the terms and conditions of Your use of Splashtop's Services (defined below). BY COMPLETING THE ELECTRONIC ACCEPTANCE PROCESS, YOU AFFIRM THAT YOU (i) ARE AT LEAST 18 YEARS OF AGE OR OLDER AND (ii) HAVE READ, UNDERSTAND AND AGREE TO BE BOUND BY ALL OF THESE TERMS. IF YOU DO NOT AGREE TO ALL OF THE TERMS, DO NOT PROCEED ON THE ELECTRONIC ACCEPTANCE PROCESS AND YOUR REGISTRATION PROCESS WILL BE DISCONTINUED. Splashtop reserves the right, exercised at its sole discretion, to modify, add or delete portions of these Terms from time to time without notice to You, and you further agree to be bound by such modified Terms. The most current version of the Terms can be viewed at http://www.splashtop.com/terms/splashtop2.
1. DEFINITIONS
"Documentation" means any electronic or printed materials that accompany the Software that provide instructions for the installation, operation and use of the Software.
"Services" means certain Splashtop services and related Software.
"Splashtop" means Splashtop Inc. and its successors and assigns.
"Software" means certain software applications, in object code format only, that are required for You to use the
提交匿名故障报告，连接和使用数据以帮助改善此产品。了解更多。
拒绝
接受

图 4.35 Splashtop 服务条款

2. Splashtop Streamer 操作界面及功能介绍

进入 Splashtop Streamer 操作界面，整个操作界面包括五个选项卡：状态选项卡、设置选项卡、安全性选项卡、高级选项卡和关于 Splashtop Stramer 的选项卡。

(1) Splashtop Stramer 状态选项卡

电脑名：装有 Splashtop Streamer 服务器端的计算机名称。

访问者：连接服务器端电脑的客户端设备名称。

Splashtop 账户登录：设置 Splashtop 账户登录的用户名和密码，方便移动设备发现你所要连接的服务器端电脑。

(2) Splashtop Streamer 设置选项卡

启用自动启动：若已钩选此选项，则服务器端电脑开机时总是自动启动 Splashtop Stramer 软件。

电脑静音：若已钩选此选项，则服务器端电脑的声音将重定向到连接该电脑的移动设备，并且该服务器端电脑将静音。

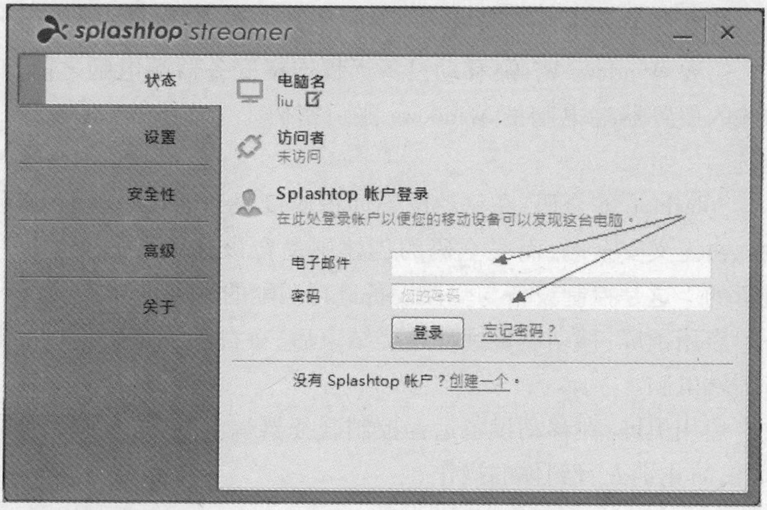

图 4.36 Splashtop Stramer 状态选项卡

系统电源管理设置：当服务器端电脑长时间未使用时，该电脑是否进入休眠状态，可以在这里设置。

改进产品：若钩选此选项，则服务器端电脑将自动提交匿名故障报告、连接情况和使用数据。

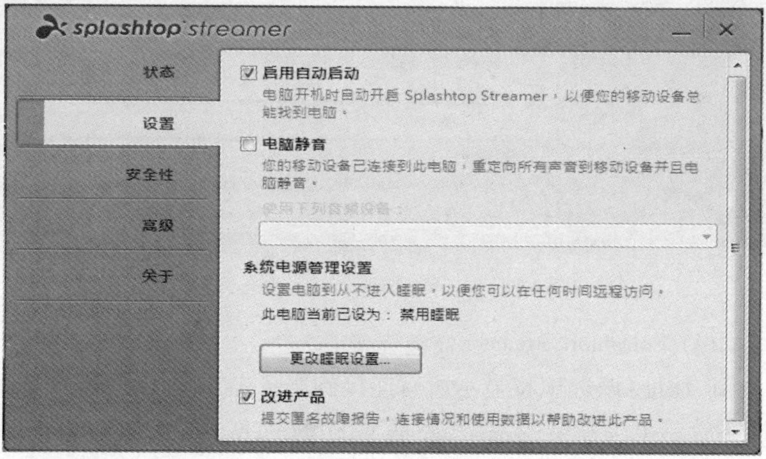

图 4.37 Splashtop Stramer 设置选项卡

(3) Splashtop Stramer **安全性选项卡**

需要 Windows 密码：移动设备远程连接服务器端电脑之前，必须输入服务器端电脑的 Windows 账户密码。为了安全，建议用户钩选。

Splashtop 安全码：在移动设备远程连接服务器端电脑前，必须输入自定义安全码，而安全码的创建则是在该选项下的文本框中进行的。这是控制设备与受控设备进行匹配的密码。

启用锁屏：移动设备远程连接结束后，将自动锁定所连接的服务器端电脑。

启用黑屏：在移动设备远程控制服务器端电脑时，电脑画面将黑屏，防止别人看到你的操作。

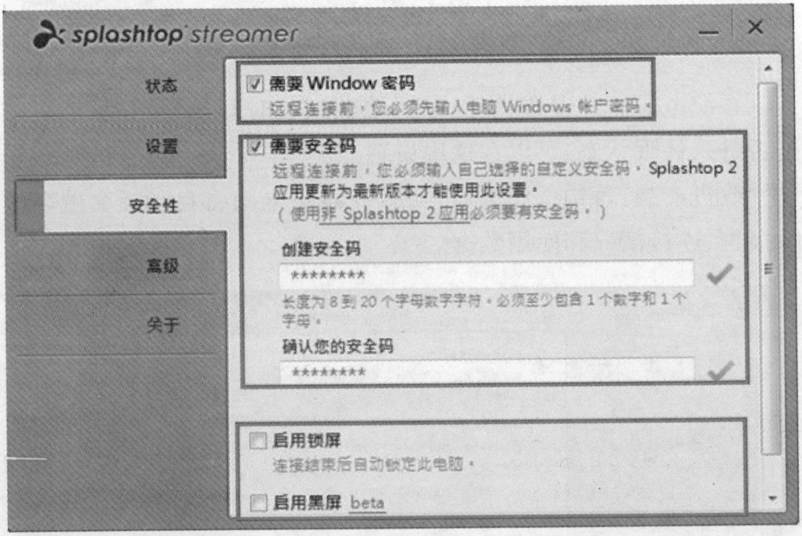

splashtop streamer
状态
设置
安全性
高级
关于
需要 Window 密码
远程连接前，您必须先输入电脑 Windows 帐户密码。
需要安全码
远程连接前，您必须输入自己选择的自定义安全码。Splashtop 2 应用更新为最新版本才能使用此设置。
（使用非 Splashtop 2 应用必须要有安全码。）
创建安全码
****
长度为 8 到 20 个字母数字字符。必须至少包含 1 个数字和 1 个字母。
确认您的安全码
****
启用锁屏
连接结束后自动锁定此电脑。
启用黑屏 beta

图 4.38　Splashtop Stramer 安全性选项卡

(4) Splashtop Streamer **高级选项卡**

IP 地址：该选项将显示所有连接到服务器端电脑的远程 IP 地址，不管是电信宽带的网络，还是 WiFi 的网络。

因特网搜索：设置 Google 账户后，移动设备可通过互联网对服务器端电脑进行远程连接。

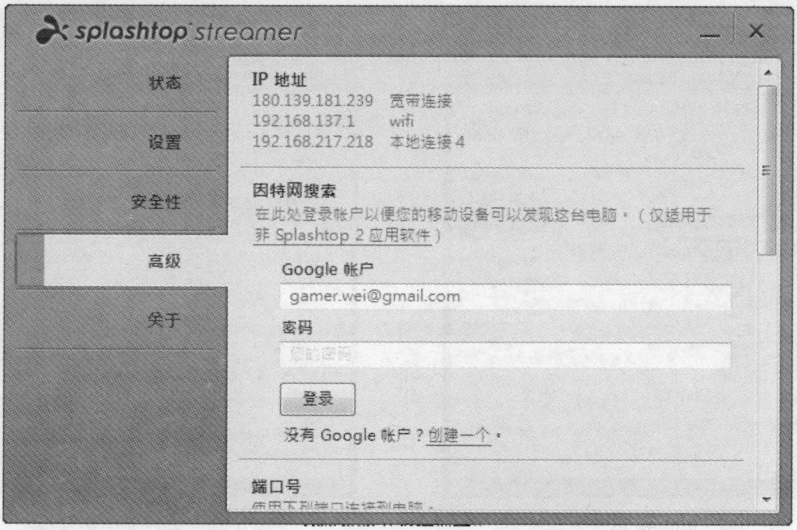

图 4.39 Splashtop Stramer 高级选项卡

3. Splashtop Remote Desktop 操作界面及功能介绍

客户端下载程序链接为 http://www.splashtop.com/zh-CN/splashtop2#otherproducts-tab。通过该链接可以下载到多个平台上的 Splashtop 客户端。这里介绍两种主流移动设备(iPhone、Android 智能手机)的 Splashtop 客户端操作界面及其功能。

(1) iOS 系统平台——iPhone 客户端

打开 Splashtop 软件,出现客户端界面,如图 4.40 所示,输入账号和密码,同时也可以创建账号,如图 4.41 所示。

登录账号之后,客户端会自动搜索服务器端并展示在服务器端列表页,如图 4.42 所示,显示器图标则代表了客户端搜索到的服务器端电脑。

图 4.40 客户端开始界面

图 4.41 客户端登录

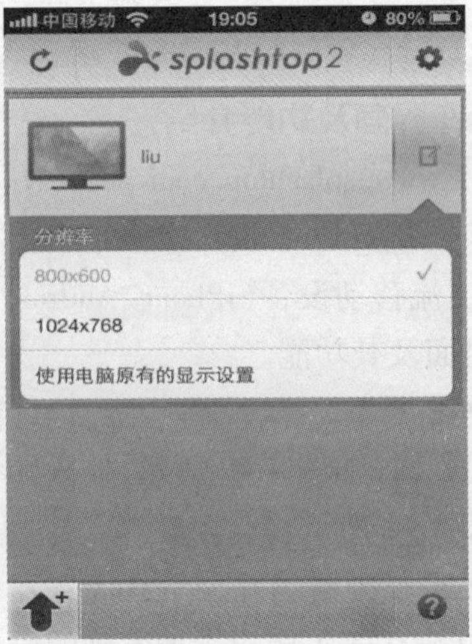

图 4.42 服务器端列表页

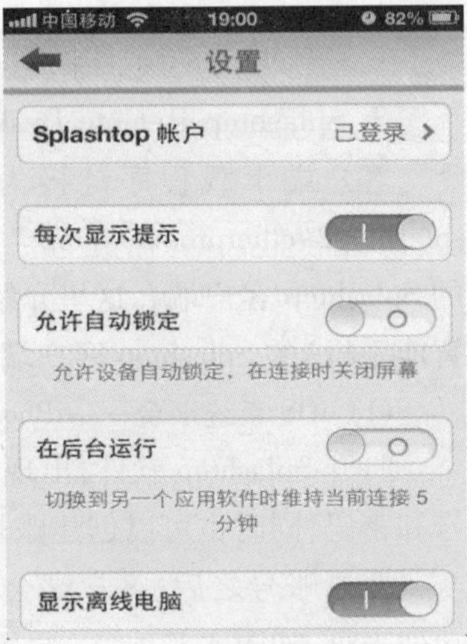

图 4.43 客户端设置界面 1

单击列表页左下角的箭头，也可以手动添加服务器端电脑。单击列表页右上角的齿轮可以进入设置界面，如图 4.43、图 4.44 和图 4.45 所示，单击显示器图标右侧的方框可设置 iPhone 手机中显示的服务器端电脑画面的分辨率。单击显示器图标则开始连接服务器端电脑。

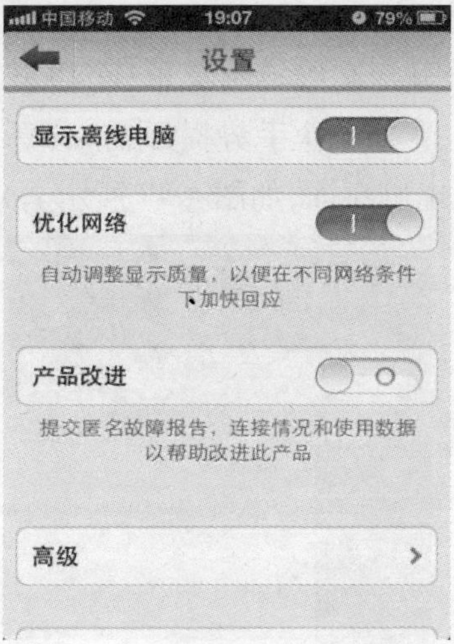

图 4.44　客户端设置界面 2

图 4.45　客户端设置界面 3

每一个移动设备在远程连接服务器端之前，都必须输入安全码。这是控制设备与受控设备之间进行匹配的密码，如图 4.46 所示。

图 4.46　输入安全码

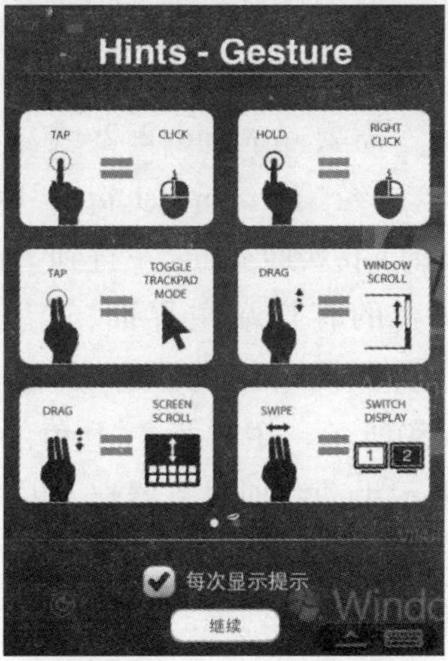

图 4.47　客户端操作手势

第4章　课堂管理

连接上服务器端电脑之后，会显示客户端操作手势，如图 4.47 所示，依次是鼠标左键单击、鼠标右键单击、等同于鼠标悬停在点按区域（“鼠标悬停”）、滚动活动窗口、显示高级控制菜单（可以调整视频模式、切换显示和其他选项）。跳过操作手势提示窗口，登录服务器端电脑，如图 4.48 所示，进入电脑桌面，如图 4.49 所示。

图 4.48　服务器端电脑账户登录

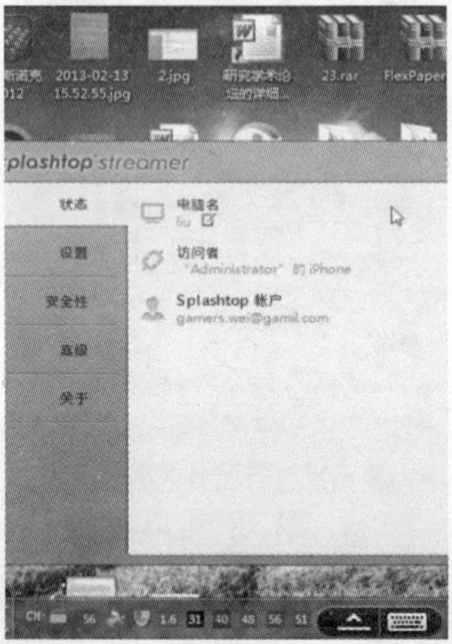

图 4.49　服务器端电脑桌面

(2) Android **智能手机客户端**

需要 Android 2.2 或更高版本。经过 Splashtop Remote Desktop 欢迎界面，一直到 Android 平台的客户端主界面，这里会列出所有搜索到的服务器端，如图 4.50所示。主界面右上角的加号表示手动添加服务器端，如图 4.51 所示，加号旁边的圆圈则表示刷新服务器端列表。

如果通过手动添加电脑，需要输入服务器端电脑名、IP，服务

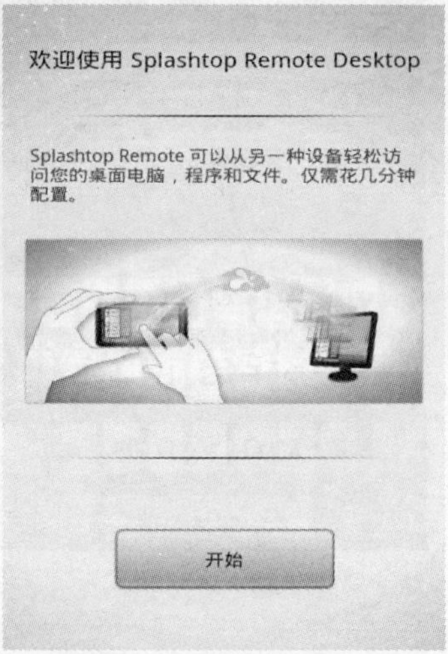

图 4.50　客户端欢迎界面

器端设置的安全码和端口号，同时也可以设置分辨率，如图4.52所示。

图 4.51　客户端主界面

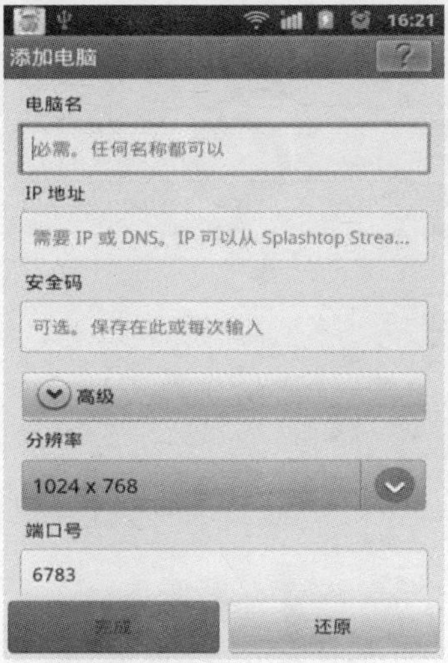

图 4.52　添加服务器端电脑

Android 平台也有特定的操作手势，包括鼠标左击、鼠标右击、移动文件、滚动屏幕、滚动活动窗口、画面放大等，如图 4.53 所示。

图 4.53　客户端操作手势

图 4.54　输入安全码

图 4.55　服务器端电脑账号登录界面

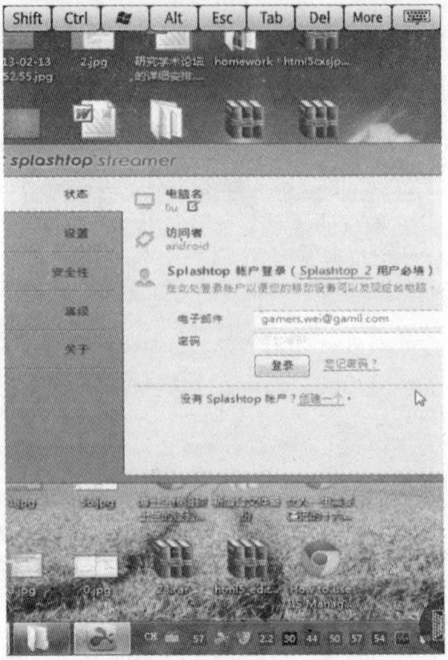

图 4.56　服务器端电脑的桌面

(3) **移动互动白板**——Splashtop Whiteboard

Splashtop Whiteboard 带给用户可交互的白板体验。Splashtop Whiteboard 让教师和学生把 iPad 变成可以互动的白板;通过 WiFi 与电脑连接时,可以在 iPad 上观看 Flash 媒体,音频、视频全部同步,同时可以控制电脑上的应用软件,可以对课程内容进行注释,和课桌前或教室各角落的师生进行交互等。

图 4.57　Splashtop Whiteboard 工具栏

(图片引自网站 http://www.splashtop.com/zh-CN/whiteboard#annotate-tab)

在课堂教学上使用 Whiteboard,其特点有:

①控制:直接从 iPad 访问和控制电脑和 Mac。iPad 可以代替鼠标和键盘。

②注释:可注释任何内容,可使用手势绘制或书写任何内容,进行高亮设置等。在现有内容和背景模板上可使用不同的颜色、

形状和粗细的文字工具,还可进行高亮设置。可以把屏幕快照保存到图库,然后用电子邮件发给学生、家长或同事。这些操作都可显示在连接的电脑或 Mac 的投影仪上,从而实现图文并茂地教学。

4.2.3 案例设计——学生通过 Whiteboard 参与课堂

传统互动白板每块白板只配有一支电子笔,这就意味着同一时间只能有一个人使用电子笔。当进行发散性思维的讨论或练习时,只能有一名学生在白板上操作,教师和其他学生只能在一旁观看,无法即时在白板上记录自己的不同意见,这在一定程度上阻碍了师生、生生之间的交流互动,也影响了课堂教学的效率。

移动互动白板解决了上面的两个问题,只要将学生手中的平板电脑与教师电脑通过 Splashtop Whiteboard 相连,学生就可以通过平板电脑参与课堂讨论与练习。学生也能够在平板上对教师的教学做注释和笔记。教师通过 Splashtop Whiteboard 白板展示教学内容给学生观看,不仅极大地增加了师生、生生之间的互动性,而且学生能将老师和其他学生所做的注释和笔记以图片的形式保存下来,课后通过图片最大限度地重现课堂教学情境。

例如,在生物课堂教学中,教师要对生物的结构进行讲解,或者要对细胞的结构及其生长过程进行描述,通常是以图片的方式进行展示。而结合人类的最优认知方式,我们在展示图片的同时,需要对图片相关内容进行文本注释,这样不仅有利于教师的教学,也有利于学生对相关知识形成深刻的印象,并从中建构一个属于自己理解的知识框架。

除此之外,学生还可通过手中的移动设备,对教学图片素材展开讨论,并对教学图片素材写出自己的理解。其他学生如果觉得某些理解对自己的学习有帮助,则完全可以将教学图片素材加上图片上的注释进行截屏保存,方便课后复习。

例如,在许多教学策略中,对学生进行小组划分是很常用的一种方法。教师往往会给每个小组或所有小组布置简单的任务,并要求小组成员共同完成。任务完成后,要求每个小组派一个代表,展示其所在小组的任务成果,尤其要展示完成任务的过程。这时候,每个小组就可以通过 Whiteboard 连接教师电脑,将自己所在小组的任务成果清晰地展示在白板上。其他小组可以对任务成果以及任务过程进行评价。这样,基于 Whiteboard 的教学活动为每位学生都提供了参与课堂讨论的机会。

4.2.4 结语

Splashtop 软件能够实现多平台的远程监控功能,注重用户体验。尤其是 Splashtop Whiteboard,在传统互动白板的基础上,实现了移动性和互动性,使班上同学人人参与课堂互动。

第 5 章
终端控制

本章介绍的 Kytephone 是一种可以控制儿童的学习与娱乐时间，以及监控儿童健康地使用智能手机的软件，解决了家长、教师、学校对学生使用网络和手机的担忧。另一种软件安豆苗，解决了电脑与手机之间、手机与手机之间的连通，使得用户可以方便地进行资料的存储与共享。

本章主要介绍 Kytephone、安豆苗的功能及使用方法，讲述经典案例，进行教育案例设计，以期将它们更好地应用于教育领域。

5.1 Kytephone

5.1.1 引言

随着科技的发展，现在的孩子已经可以自由地上网浏览、下载应用程序、发送短信、拨打电话、拍摄照片并发送给朋友或陌生人，因此家长不免会对孩子们使用智能手机表示担心。可是另一方面，从方便联系孩子及他们的安全角度考虑，给孩子配备手机又是必要的。Kytephone 就是在这种背景下开发出来的一种可以控制儿童的学习与娱乐的时间，以及监控儿童健康地使用智能手机的软件。

5.1.2 Kytephone 简介

Kytephone 应用主要有三个功能:位置追踪(看孩子在哪里)、通讯控制(允许孩子拨打和接听哪些电话)和应用控制(允许孩子玩哪些应用)。此外,家长还可以看到孩子用手机拍了哪些照片。有了这几个方面的监控,家长就可以放心地让孩子使用智能手机了。

这一应用程序主要是为 Android 系统而开发的,因为 Android 平台具有深度的整合能力。一旦安装并启动了这个应用,小孩将无法将其关闭,即使关闭手机或拔出电池也无济于事。遗憾的是,同样的控制级别却无法在 iPhone 手机上实现。更重要的是,想要退出 Kytephone 必须输入密码,小孩想要获得完整的控制权限,恐怕只能刷机了。这也解释了为什么 Kytephone 应用只有 Android 版,因为 iOS 系统并不提供如此完善的系统权限。

5.1.3 操作案例

软件适用设备要求:Kytephone 目前提供 Android 版免费下载,系统要求是 Android 2.2 及以上版本。

对安装在手机上 Kytephone 软件的控制可以是手机端也可以是 PC 端,操作基本相同。下面以 PC 端为例介绍。

1. 注册 Kytephone 账号

首先注册 Kytephone 账号,进入网站 https://www.kytephone.com/,下载免费的应用安装包,如图 5.1 所示,然后安装到手机。

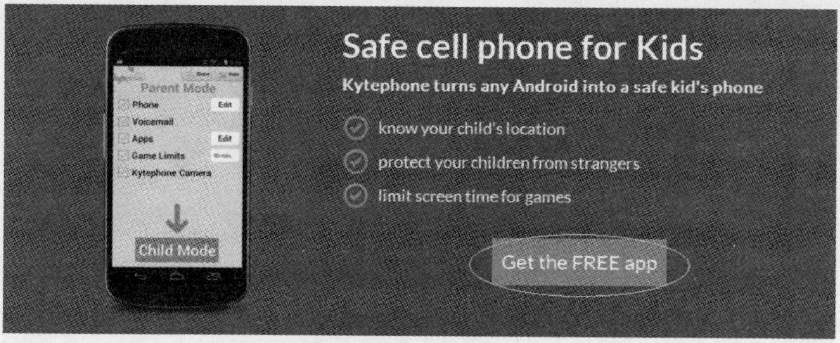
Parent Mode
Phone
Edit
Voicemail
Apps
Edit
Game Limits
Kytephone Camera
Child Mode
Safe cell phone for Kids
Kytephone turns any Android into a safe kid's phone
know your child's location
protect your children from strangers
limit screen time for games
Get the FREE app

图 5.1　Get the FREE app

Kytephone 软件安装成功后，打开就会有注册新账号的选项，输入邮箱账号以及密码即可注册。注册成功后，可以在 PC 端用此账号登录，对手机进行相关设置。

2. 在 PC 端对安装 Kytephone 软件的手机进行选项设置

在官方页面上点击 Login 按钮，如图 5.2 所示。

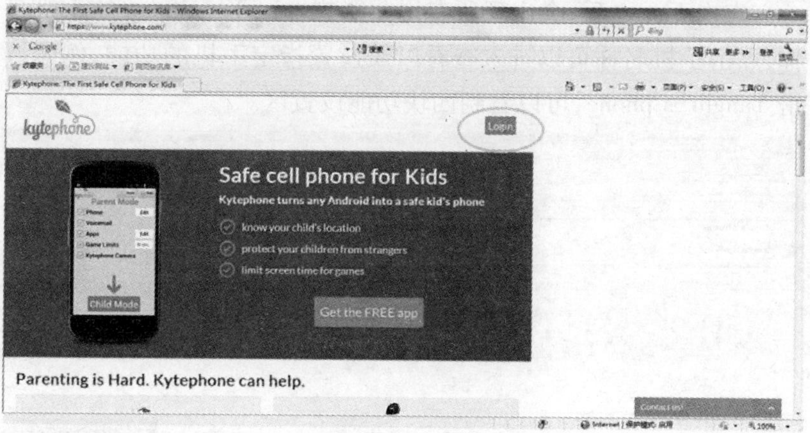
kytephone
Login
Safe cell phone for Kids
Kytephone turns any Android into a safe kid's phone
know your child's location
protect your children from strangers
limit screen time for games
Get the FREE app
Parenting is Hard. Kytephone can help.

图 5.2　点击 Login

进入 Login 页面后输入刚注册的用户名及密码，如图 5.3 所示。

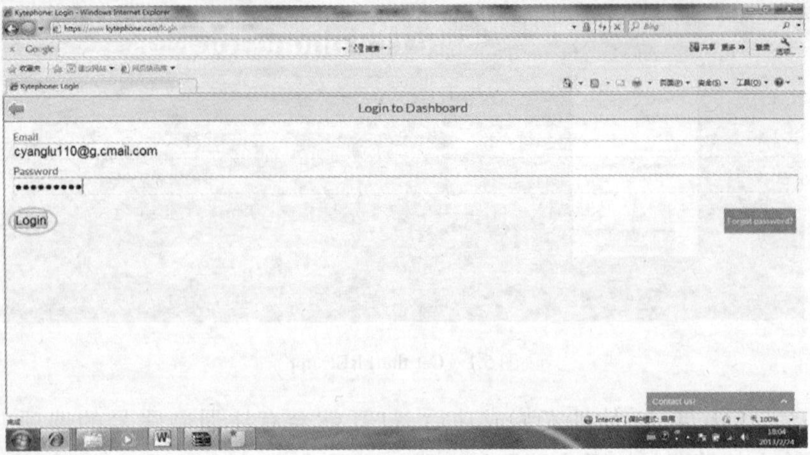

图 5.3　输入用户名与密码

点击 Login 之后，进入 Dashboard 界面。有 Map 与 List 两个选项。

(1) List 选项

点击 List 之后，会出现所有用此账户登录 Kytephone 的手机名称，点击手机名称可以进入查看以及设置指定手机的功能，例如点击 Yanglu's phone，可以看到四块功能设置区。

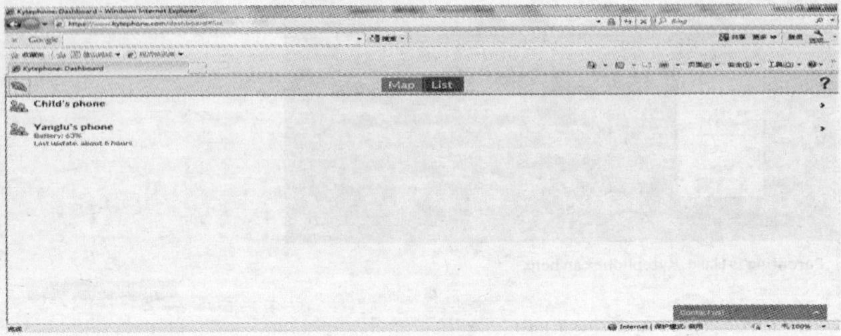

图 5.4　账户 List

①Activity

在此模块中，可以看到此手机的功能使用模块，如图 5.5 所示。

凡是手机进行的活动都显示在列表中，这就使得家长能轻易地知道孩子用手机玩了什么游戏等。

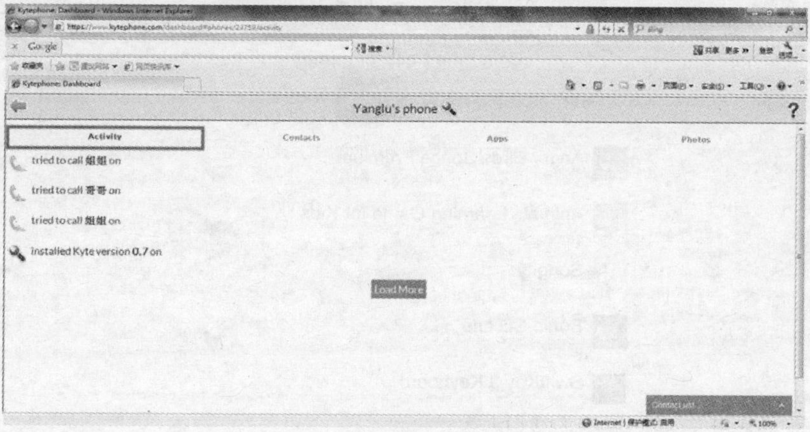

图 5.5　Activity

②Contacts

家长可以随时更新联系人列表，手机端只显示设定的联系人，并且只能拨打或者接收这些联系人的电话与短信，保证了孩子的安全。

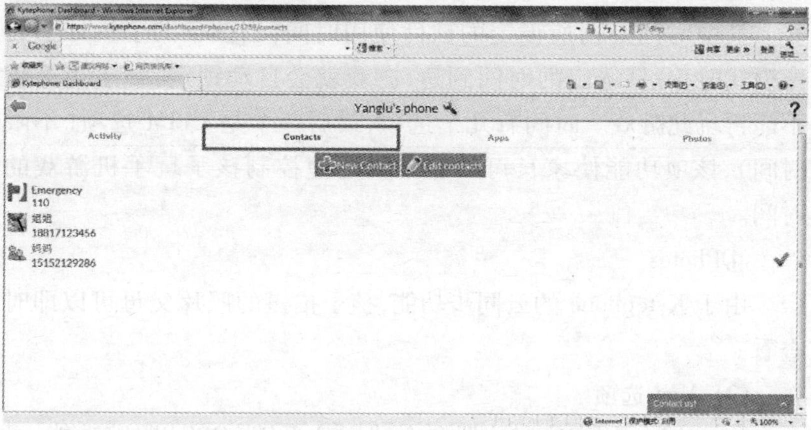

图 5.6　Contacts

③Apps

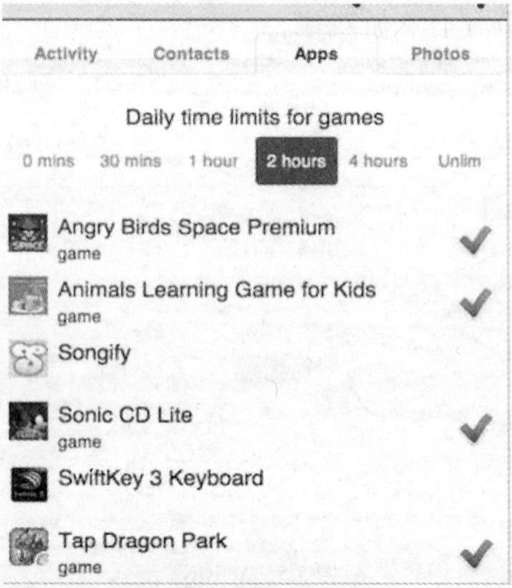

图 5.7　选择 Apps

通过此功能能严格地控制孩子玩游戏的软件以及玩游戏的时间，只需单击软件名称即可选中所设游戏的名称，还能对玩游戏的时长进行限时。

其中时间是指所设定的软件使用时间，当孩子的手机处于儿童模式时，一旦选定的时间到达，游戏就会自动锁定，孩子当天就不能再玩此游戏。时间有几个选项，最后一个是 ULIM 选项(不限时间)，该项功能使家长可以非常灵活地控制孩子玩手机游戏的时间。

④Photos

由于 Kytephone 的云同步功能，孩子拍摄的照片父母可以即时查看。

(2) Map 选项

Kytephone 的家庭定位器和全球定位系统(GPS)跟踪功能，可以确保孩子的安全。一点击 Map 选项就会显示手机所在的位置，就可以看到孩子的最新位置,如图 5.8 所示。

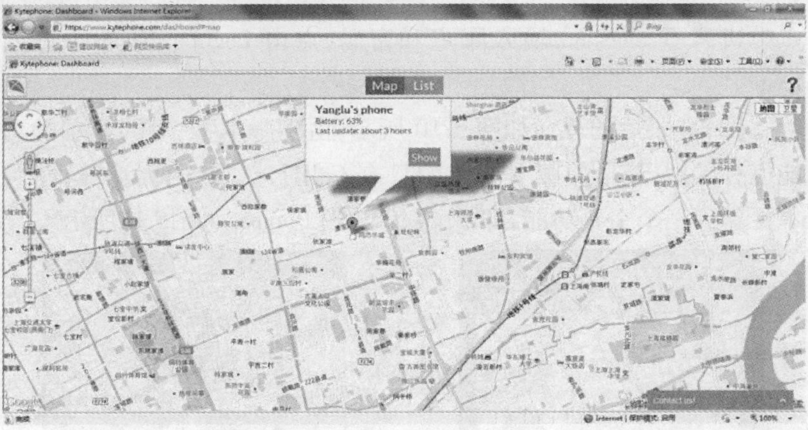

图 5.8　显示手机所在的位置

3.Kytephone 在手机端的应用

Kytephone 为儿童手机创建了一把安全锁,它允许家长把自己的手机变成供孩子用的模式,孩子们在不知道密码的情况下不能退出,也无法访问家长没有设置的应用程序,这就避免了一些不健康的网站与孩子接触,帮助孩子在健康的环境中学习和娱乐。

图 5.9　手机端 Kyte

（1）首先安装好 Kyte，安装完毕后，图标会显示在手机上。点击进入登录界面，输入账户和密码，点击 Login 按钮即可进入 Kyte。

（2）登录后的界面如图 5.10 所示，由于版本不一样，显示的功能也有区别，最早的版本所装的只有 Call 与 Apps 两大功能，新版本更新到三个主要功能，即 Apps、Call 和 Photos，如图5.10所示。

图 5.10　登录后界面

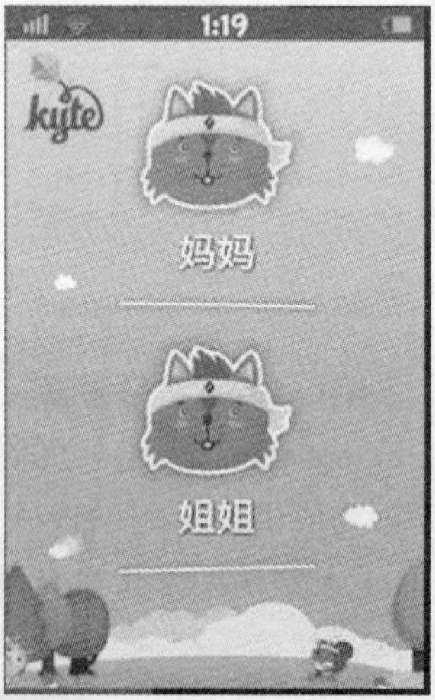

图 5.11　Call 中的电话列表

Call：孩子仅可以收到或拨出家长所设定的号码。点击 Call 按钮后，出现如图 5.11 所示界面。

Apps：点击 Apps 按钮会出现在 PC 或手机端所设定的 App，设定孩子只能玩的一些游戏，如图 5.12 所示。

Photos：点击 Photos 按钮，可以进行拍照，在家长控制端可以随时看到拍摄的照片。

退出时，必须输入密码才能安全退出软件，避免孩子随意卸载 Kyte 软件。如图 5.13 所示。

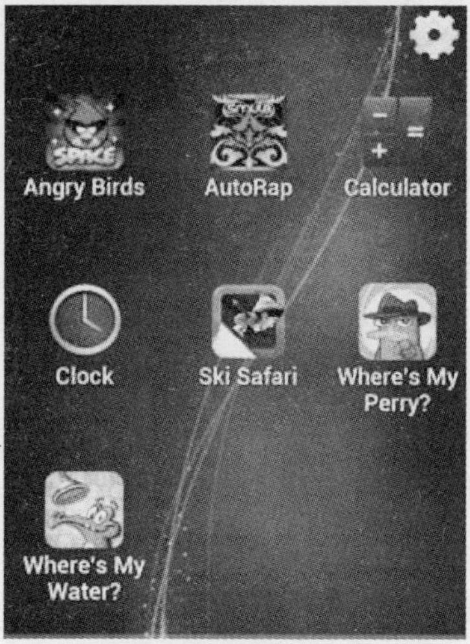

图 5.12　在 Apps 中设定可以玩的游戏

图 5.13　退出时的界面

5.1.4　经典案例

随着智能手机、平板电脑的普及，越来越多的孩子迷上了这些高科技“玩具”。一些家长为了方便照顾孩子，就把这些“玩具”给孩子玩，导致现在很多孩子迷上智能手机、平板电脑。

上海市民陈先生夫妇都在外企工作，自从在六岁儿子的手机上装了 Kytephone 软件后，感觉像雇了保姆一样，他说这一软件帮助他们解决了很多以前担心的问题。

1.可以随时查看孩子的位置

由于这一软件有精确定位的功能，在出现孩子外出未归或者不能联系的情况下，陈先生只需打开家长模式，就可以查看孩子的位置，及时了解孩子的行踪，对孩子的安全有一定的保障。

2.只能拨打设定的号码

“孩子的手机上我们设定了亲人的号码和老师的号码，还有紧急呼救的号码，这样做一方面保证给孩子提供安全的通话环境，另一方面拨打电话不需要孩子手动搜索电话号码，可以实现一键式拨打，非常安全快捷。”陈先生说道。

3.游戏可以作为孩子学习的奖励

“当孩子想玩游戏的时候，我们总是在他完成作业或者在他其他方面表现得好的情况下作为奖励让他玩一段时间，这样一方面控制了孩子玩游戏的时间，另一方面也起了一定的激励作用。用了差不多一个月的时间，感觉孩子习惯了回家先把作业做完，然后跟我们汇报一些在学校的表现情况；老师也说孩子最近在学校变得很上进，作业完成得很及时，成绩也有了一定的提高，可以说 Kytephone 软件的功劳不小。”他们说。

5.1.5 案例设计

Kytephone 主要是一种适用于家长控制孩子的手机软件，尤其适合工作比较忙的家长们。该软件的主要功能是 Call、Apps 和 Photos，如果教师与家长能很好地进行沟通，共同使用这一软件的某些功能，就会使该软件更加有利于教学。

1. 在规定的时间内完成在线作业

在家长不能保证时刻监督孩子利用电脑做完家庭作业的情况下，家长可以让孩子在安装 Kytephone 的手机上，通过手机浏览器完成相应的限时的网上家庭作业。家长在控制端设置孩子使用浏览器的时间，比如设定的时间为 2 小时，在此时间内学生要完成一套在线检测题。

(1)首先教师在教学网站上布置学生自我检测类的家庭作业，且设定完成一套检测题的时间限制。教师可以在网站上查看学生的完成状况。

(2)家长只需在 PC 或者手机控制端的 Apps 选项中选定浏览

器以及限制时间“2 hours”，就可以将设置同步到孩子手机上。孩子就可以开始做限时作业，家长可以随时查看孩子的手机动态。

(3)当孩子交作业后，教师给予一定的评价和反馈。在孩子的作业完成好的情况下家长给予一定的奖励，比如延长玩游戏的时长等，这样就能提高孩子的学习热情。

2.学生上课时间的管理

由于手机游戏充满诱惑，孩子很容易在课堂上玩手机游戏，家长可以通过 Kytephone 工具对孩子的手机进行游戏时间的控制设置。家长可以通过教师提供的课程表进行设置，在上课时间内关闭游戏功能。为了更好地维持教学课堂的秩序，家长也可以在上课的时间内设置任何不让孩子手机接听的电话，这样在一定程度上可以促进孩子上课时注意力的集中。

家长通过控制孩子手机上的应用程序，安装相应的教育软件的 App，督促孩子学习，让孩子在学与玩中快乐成长。

5.1.6 结语

Kytephone 应用软件能帮助家长有效控制孩子使用手机。如果家庭与学校能很好地利用，共同对学生的学习任务进行监督，不但能使孩子健康地使用手机，还可以通过手机来完成指定的学习任务。

5.2 安豆苗

5.2.1 安豆苗简介

安豆苗是一种基于手机和电脑之间的应用软件，其目标是连通电脑(PC)与手机(Phone)之间,手机(Phone)与手机(Phone)之间的通信通道。在有 WiFi 的环境下,电脑无须安装任何软件,只需要一个浏览器就可以对手机信息进行管理。在无 WiFi 的环境下,只要使用 USB 与电脑连接,也可以方便地管理手机。安豆苗连通手机之间的无线通信通道,利用闪传能够让两部安装了安豆苗的手机在任何时候任何地点随意传递手机里面的文件,甚至支持一部手机与多部手机之间进行资源共享。

5.2.2 安豆苗的特点和优势

安豆苗是目前比较流行的一种应用软件,它是连接电脑和手机之间、手机和手机之间的纽带,方便用户对手机进行管理,具有如下优势:

1.无线连接

目前市场上有很多软件能对手机进行管理,例如豌豆荚、91 手机助手、安豆苗等。安豆苗作为后起之秀,最大的特点就是无需数据线,只需在 WiFi 环境下,利用电脑端的 Web 浏览器,即可实现手机端资料和应用程序的管理功能。用户只需要在 WiFi 环境下,在手机上启动安豆苗,就可以看到当前的资源共享状态、访问地址及访问密码,然后通过电脑上的 Web 浏览器输入手机里显示的访问地址和登录密码就可以与手机进行连接。这种无线连接技术为我们进行移动学习提供了极大的便利,用户无需随身携带数据线,只要在 WiFi 覆盖的范围之内,就可以利用电脑对手机进行管理。

2. 全面的内容管理

随着信息时代的到来,用户的个人知识日益增多,尤其是用户利用手机来学习,怎样对手机进行有效的知识管理成为千万手机用户的一个难题。而安豆苗功能全面,能够对手机里的知识进行有效的管理,包括联系人、短信、日程、书签、文件、电子书、应用游戏、照片、音乐、视频等的管理。

3. 内容管理方便快捷

可以通过电脑对手机资源进行方便快捷的管理。利用安豆苗与电脑连接,再通过电脑对手机里的内容进行管理,对手机里的文件进行复制、移动、删除、备份等操作,非常方便快捷。

4. 使用安全

其他产品如豌豆夹、91 手机助手等软件都是利用 PC 端软件与手机连接,难免会有病毒侵入,发生丢失重要文件的危险。安豆苗利用 WiFi 实现手机和电脑无线连接,避免了病毒的侵入,能将手机上的所有数据传输到电脑上,既扩展了手机的存储空间又安全方便。

5. 传输速度快

安豆苗软件使得手机和手机之间的数据传输速度比蓝牙快 10 倍,良好的传输速度可以让我们更加有效地进行移动学习。安豆苗软件确保了移动学习时大量数据流动的需求,给学习者带来了很大的便利。在无线互联网络还没有完全覆盖校园的今天,利用安豆苗来实现资源共享、文件传输、短信发送等,无疑为学习者免除了后顾之忧。

6. 强大的分享功能

安豆苗最大的一个优势是支持手机(Phone)与手机(Phone)之间进行无线传输,它是利用闪传作为中介将两部手机连接起来。它可以让你在两部 Android 手机之间很容易地传送文件,闪传支持图片、影音和文件等资料的传输。通过 WiFi 将两部手机建立联系,如果在无 WiFi 的情况下,也可以利用将一部手机建立 AP 热点来组建一个局域网，这样就可以用各种新鲜好玩又方便的方法来分享文件，如可滑动分享，也可摇一摇手机分享，甚至使用语音，对手机说“安豆苗”进行分享。① 另外，安豆苗支持多部手机之间进行群分享。将三部及三部以上手机接入同一个局域网后，发送方手机创建一个连接，其他手机搜索并加入这个连接，接着发送方手机选择文件即可对多部手机实现群分享。

5.2.3 安豆苗的使用方法

1. 安豆苗的安装

安豆苗适用于 Andriod 和 iOS 操作系统，用户根据自己手机的实际情况从官网上下载安豆苗软件（http://www.andoumiao.cn/index.html），安装之后会出现如图 5.14 所示的界面。

图 5.14 连接电脑界面

在有 WiFi 的情况下，连接上 WiFi，界面下端会显示出 IP 地址

① http://www.36kr.com/p/95468.html.

和验证码,然后只要打开电脑上的浏览器,按照手机屏幕上的 IP 地址和验证码进行登录,就能实现电脑和手机的无线连接,可以通过电脑来轻松管理手机里的内容。在没有 WiFi 的情况下,用户可以通过下载安装安豆苗电脑套件(http://www.andoumiao.cn/pc.html),再加上一根数据线,就能实现电脑和手机的连接。安装电脑套件后的桌面图标如图5.15所示。

图 5.15　桌面图标

双击电脑桌面上的安豆苗图标,出现如图 5.16 所示的界面,用户可以在这里对手机进行管理。

图 5.16　电脑进入管理界面

2. 手机—手机(PHONE-PHONE)之间的功能介绍

安豆苗旗下有一款软件——闪传,最早的时候是跟安豆苗整合在一起的,现在这个功能已经单独从安豆苗中分离出来,是目前全球第一个手机互传软件,支持手机与手机之间、手机与手机群之间的资源共享。用户可以从官网上下载、安装闪传到手机中(http://www.andoumiao.cn/sanchuan.html),安装好后打开闪传会出现如图5.17所示的界面。

图 5.17 闪传界面

闪传界面显示手机里所有的资源,包括应用程序、图片、影音和文件等,如果想把资源分享给其他学习者,只需将两部安装闪传的手机同时打开闪传,点击"连接朋友",就会出现如图 5.18 所示的界面,发送方点击"创建连接",接收方点击"搜索加入",这样两台手机就成功地连接起来了,界面如图 5.19 所示。发送方只需要找到分享的资源,既可滑动分享,又可摇一摇手机分享,还可对手机喊一声"安豆苗"进行分享,[①]效果如图 5.20 所示。

① http://www.36kr.com/p/95468.html.

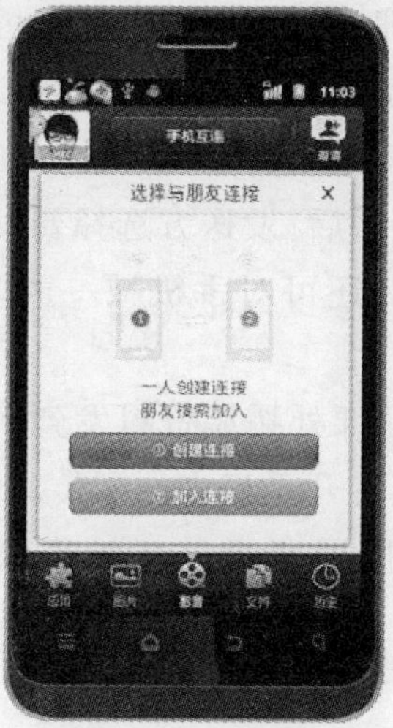

图 5.18　闪传连接界面

图 5.19　闪传连接后界面

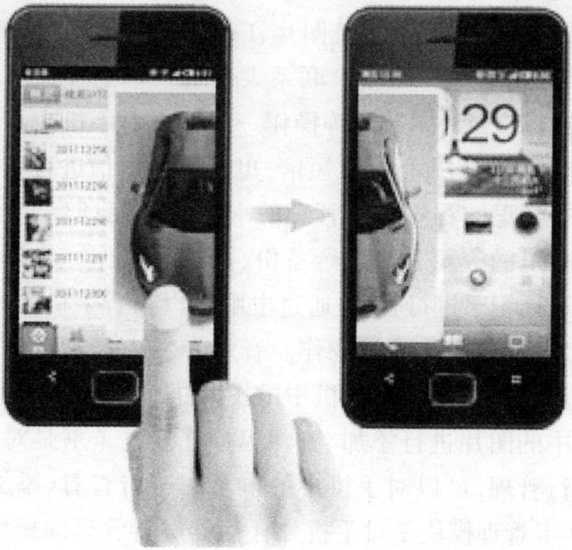

图 5.20　闪传分享界面

（图片来源　http://www.36kr.com/p/95468.html）

另外,闪传还有一个群分享功能,即一部手机与多部手机相连之后,能实现多部手机之间互相传输资料,不需要耗费流量,并且传输速度非常快,这给我们进行移动学习提供了很大的方便。操作方法跟上面所述的步骤相同,手机连接后,发送方选择要发送的资源,既可滑动手机,也可摇一摇手机,还可对手机喊一声"安豆苗"实现多人分享。

例如,教师想把"教育技术导论"的课外拓展资料发到班级每一位同学的手上,于是教师让同学们都打开手机中的闪传,教师作为发送端,学生作为接收端,将课外拓展资料分享给班级里的同学。

3. 电脑—手机(PC-PHONE)操作界面及功能介绍

安豆苗的主要功能是对手机内容进行快速有效的管理,它的操作界面主要分为 11 个模块:联系人、短信、手机应用、通话记录、音乐与铃声、SD 卡管理、手机图片、EOE 专题、电子书、手机视频、桌面和主题,如图 5.21 所示。联系人是对手机中存在的联系人进行管理,可以进行添加、删除等操作。短信是对手机中的短信进行管理,可以利用电脑进行收发短信,也可以对短信进行备份。手机应用是对手机里的程序进行管理的一个模块,我们可以通过这个模块对手机里的应用程序进行备份、卸载等操作。聊天记录是对手机中的通话记录进行管理,通过电脑可以查看手机的通话记录,可以进行发短信、打电话等操作。音乐和铃声是对手机中的音乐进行管理。手机图片是对手机中的图片进行管理,通过安豆苗可以对手机中的图片进行添加、删除等操作。电子书是对手机中的电子书进行管理,可以对手机中的电子书进行查看、添加、删除等操作。SD 卡管理模块是对手机外存储器进行管理的模块,可以对手机中的文件进行存储、修改等操作。为方便读者对安豆苗有更加深入的了解,下面详细对这些功能进行介绍:

图 5.21 安豆苗电脑管理界面

(1) 联系人

联系人是对手机中存储的个人电话号码进行管理的模块,通过安豆苗,可以利用电脑对手机中的联系人进行编辑,如图 5.22 所示,是联系人模块的主界面,我们可以对联系人进行创建、删除、备份、还原等操作,还可以对联系人进行归类。只要点击"新建分组",安豆苗就可以遵从我们的意愿对手机中的联系人进行分类管理,如图 5.22 所示,该图中把联系人分为教师、同学两类,方便我们对手机联系人的管理。

(2) 短信

短信模块是对手机短信进行管理的一个功能模块,通过该模块我们能够快速地对短信进行创建、发送、删除等操作,短信界面如图 5.23 所示,如果你想对来信进行快速回复,只需要在下面"快捷回复"对话栏中输入内容,就可以快速地与来信人进行交流。

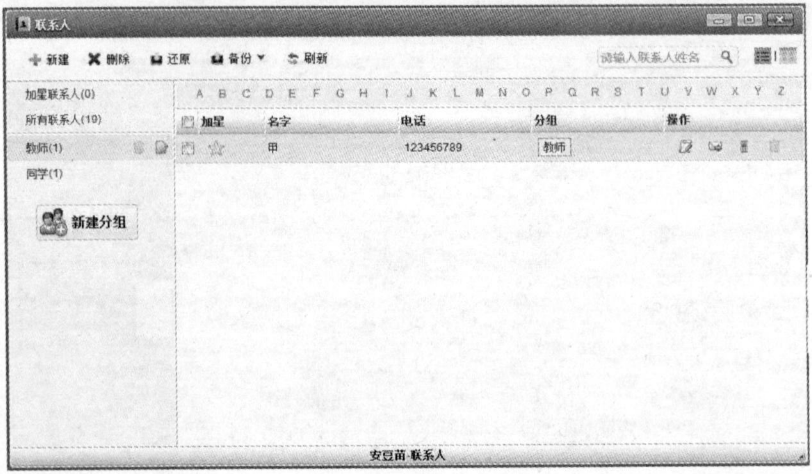

图 5.22　联系人界面

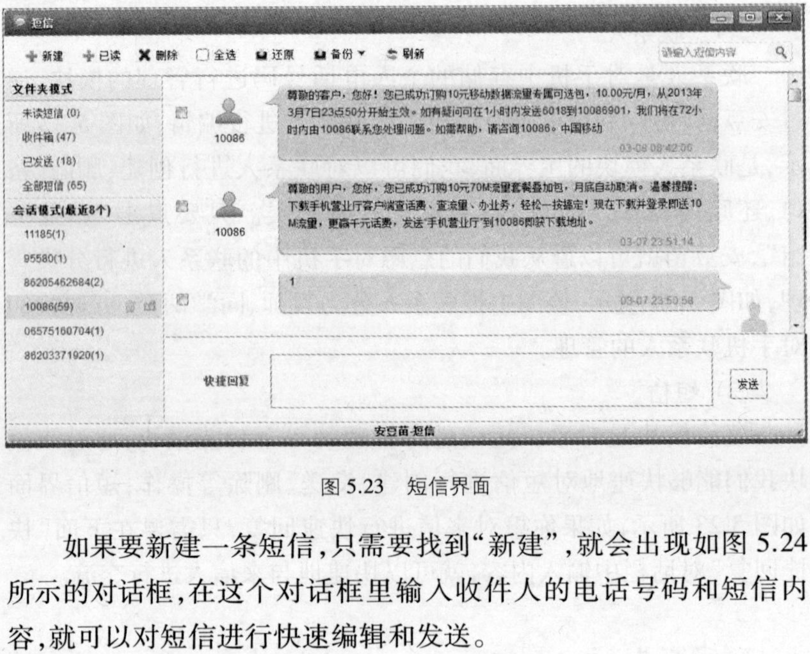

图 5.23　短信界面

如果要新建一条短信，只需要找到“新建”，就会出现如图 5.24 所示的对话框，在这个对话框里输入收件人的电话号码和短信内容，就可以对短信进行快速编辑和发送。

图 5.24　发送短信界面

(3) 手机应用

该模块可以对手机中的各类软件进行管理，如安装、删除、转移等操作，如图 5.25 所示，手机的应用程序分为系统应用和用户应用。系统应用不能进行删除、安装操作，只能备份；用户应用可以进行安装、删除、备份等操作。

图 5.25　手机应用界面

(4) 通话记录

对手机中通话记录的管理是在这个模块中进行的，界面如图 5.26 所示，在这个模块里，用户可以对通话记录进行删除、拨号、查看等操作，可以查看通话记录的时长和时间。如果用户想打电话，点击“拨号盘”就可以实现打电话的功能。

图 5.26　通话记录界面

（5）音乐与铃声

音乐与铃声模块是对手机中的音乐和铃声进行管理，界面如图 5.27 所示，在学习之余，放松心情、缓解学习带来的疲劳，音乐是最好的良药。该模块不仅可以对手机中存储的音乐进行管理，还能在线收听音乐，给用户带来诸多体验和享受。

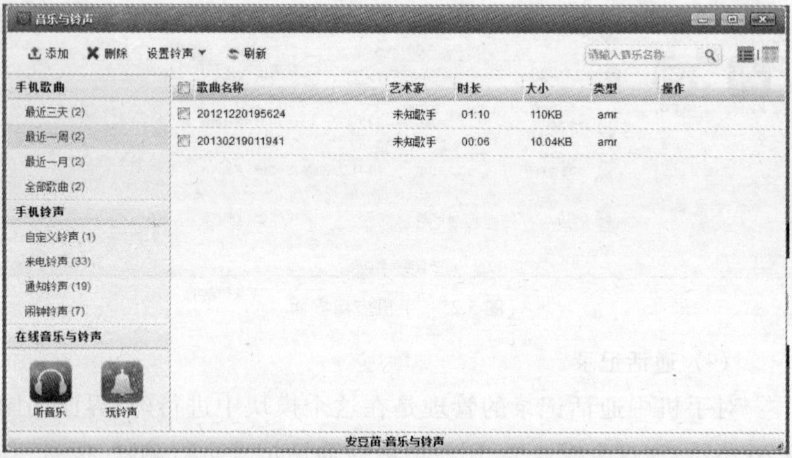

图 5.27　音乐界面

(6) SD 卡管理

这个模块是对手机中的内存卡进行管理的一个模块,如图5.28所示,在移动学习过程中,尤其是利用手机学习,对学习资料的管理非常麻烦,如手机屏幕的局限、内存的不足等。而这个模块给用户带来的最大方便是,用户只要有电脑,就可以对手机 SD 卡进行创建、上传、删除等操作。用户可以根据自己的需要对资料进行分类管理,便于学习。

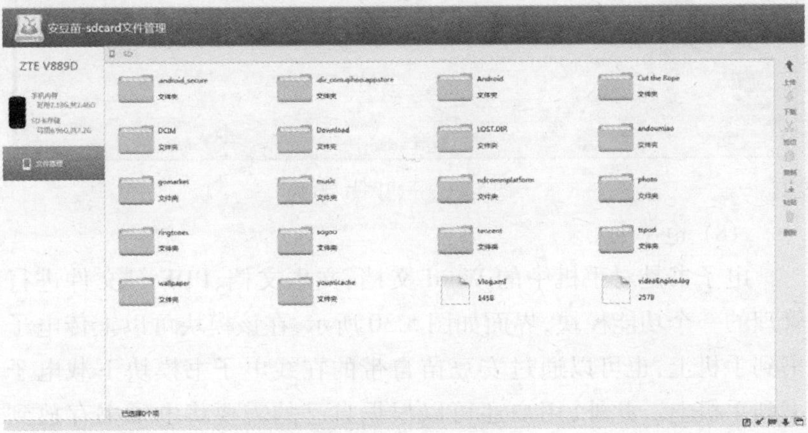

图 5.28　存储卡管理界面

例如,教师在 SD 卡中创建"课堂资料"和"课外资料"两个文件夹,在"课堂资料"文件夹里再创建"PPT"、"教案"、"课堂练习"等文件夹,并将学习资源分类放入这些文件夹,上课可以不带 U 盘和数据线,就能够跟电脑进行无线连接,找到需要的资料。

(7) 手机图片

手机图片是对手机中的图片、壁纸进行管理的一个模块,如图5.29 所示是该模块的主要界面。用户可以利用该模块对手机中的图片进行添加、删除、下载等操作。如果手机里的图片过多,就可以通过安豆苗的搜索功能快速地找出所需的图片,节省了大量的时间。

图 5.29　手机图片界面

(8) **电子书**

电子书是对手机中的 Word 文档、文本文档、PDF 等文件进行管理的一个功能模块，界面如图 5.30 所示，在该模块可以上传电子书到手机上，也可以通过安豆苗自带的在线电子书模块下载电子书到手机上。此外，用户还可以根据自己的需要将电子书存放到特定的地方，方法是点击“设置目录”，选择好路径即可。

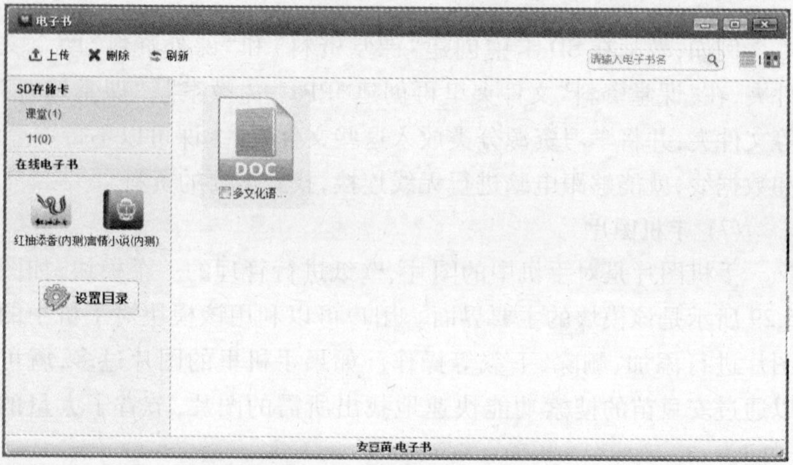

图 5.30　电子书界面

(9) 手机视频

这个模块是对手机中的视频进行管理的一个模块。用户对手机拍摄的视频往往没有进行很好的管理，利用这个功能可以快速便捷地对手机视频进行添加、删除和快速查找等操作。

5.2.4 经典案例

通过上面的介绍和分析可以看出，安豆苗不仅在手机知识管理方面发挥着巨大的作用，而且在知识共享方面也存在着巨大的优势，使资源共享变得非常方便。随着移动学习时代的到来，越来越多的人通过手机来学习、娱乐和生活，使用安豆苗的人也逐渐增多，下面介绍使用安豆苗的案例。

1. 学生运用安豆苗进行个人知识管理

王强，一个来自浙江的学生，利用安豆苗来帮助自己的学习，对自己的知识进行管理。没用安豆苗之前的他，身上随时带着一根数据线，而且手机里的学习资料杂乱无章，有时候想把资料整理一下，却不知道从何处着手。现在的他，既把手机当做一个移动 U 盘，也把它当做一个最佳的资源分享工具。他把安豆苗作为一个学习工具来用时，体会到了安豆苗给他的学习带来的便捷和乐趣。

(1) 资料整合，分类管理

以前读书的时候，各门功课的学习资料比较多，他往往是把各种资料放在手机的一个文件夹里，甚至有些在网上下载到手机中的学习资料还不知道存放在哪个地方。现在使用安豆苗进行资料的管理，他可以利用电脑对手机中的学习资料进行分类管理，这样，以前找不到或难以找到的资料找到了，从而提高了学习资源管理的效率，节省了大量的时间。

(2) 便于携带，减轻负担

以前他身上通常要带很多东西，如数据线、U 盘、移动硬盘等，最糟糕的是经常忘记带 U 盘和数据线。使用安豆苗之后，只需要带一部手机，就可以利用闪传或者安豆苗跟电脑无线连接，就能轻松地获取老师发的资料，减轻了负担。

(3) **摇一摇就能分享资料**

利用闪传可以在同学之间进行资源共享，把自己看到的、拥有的学习资料分享给周围的同学，也可以从其他同学那里分享得到自己想要的资源，无需任何外部条件，只需要两部及两部以上安装了闪传的手机，摇一摇手机，或者滑动手机，甚至对着手机喊一声"安豆苗"，就可以实现一对一、一对多的资料互传。

(4) **操作简便**

他的手机性能不是很高，给多个联系人发短信、打电话等是件麻烦的事情，利用安豆苗软件，用电脑控制手机来跟联系人发短信、打电话，操作既简便又高效快速。

2. 教师利用安豆苗进行个人知识管理和教学

来自北京的张丽在当地的一所中学当科学教师，她也是安豆苗的忠实"粉丝"，在安豆苗刚推出的时候就开始使用。对她而言，安豆苗在手机管理方面做得很人性化。在现实的生活和学习中，她利用安豆苗做的事情与大部分学生一样，在此不再重复。但是安豆苗对于一名教师而言，最大的好处就是便于分享资料。有时候，学生忘带 U 盘，想拷老师上课的资料就比较麻烦，只能通过课后在 QQ 群共享，或者先把资料发给班上有 U 盘的同学，让他们自己再分享。自从她用闪传后发现，能将这个软件应用到日常的教学过程中。于是，她让班级里所有的学生都在手机里安装闪传软件，在学生需要上课资料的时候，只要他们都打开闪传，她就可以作为发送端群发给大家，实现了资料的分享。

5.2.5 案例设计

安豆苗不仅在个人知识管理方面有着突出的表现,而且在知识分享方面也有着独特的魅力。它可以使用户在任何时候任何地点将资源分享给身边的人,尤其是在学校,随时随地分享给学习带来意想不到的效果。安豆苗正处于蓬勃发展时期,将安豆苗运用于教育也还处于探索阶段。课后分享可以是教师和学生之间的分享,也可以是学生和学生之间的分享,甚至可以是有着共同兴趣爱好的群体之间的分享。

1. 教师与学生

教师和学生之间的分享一般都是学习资料的分享,教师上完课之后,将上课的讲义、PPT、作业等通过电脑上传到自己的手机上,再利用闪传工具,将这些资料群发给班级里的每一位学生,这样就避免了班里的学生因忘记带 U 盘而不能及时拷贝资料的现象。同时闪传支持教师和个别学生建立联系,对个别学生传输适合该学生能力水平的资料,这样在一定程度上达到了因材施教的效果。

2. 学生与学生

学生与学生之间的分享具有即时性。如果一个学生想和另外一个学生分享资料,那么这个学生就可以创建一个连接,邀请另外一个学生进入即可实现随时随地进行资料的分享。

3. 有共同兴趣爱好的人

具有共同兴趣爱好的人可以利用闪传来进行资料的分享,例如对科学感兴趣的学生,可以在手机上创建一个连接,并把这个连接命名为“科学兴趣小组”,其他同学通过“加入连接”功能搜索,找到“科学兴趣小组”并加入。这样大家就可以在同一个局域网内进行资料的分享和信息的交流。

5.2.6 结语

安豆苗软件不论在功能设计还是在界面设计上，都很人性化，尤其是在分享和群分享上，迎合了很多人的需求，在支持教学、学习上也是如此。但是它本身也存在很多缺陷，比如电脑与手机无线连接的时候速度慢，在支持教学方面功能单一等。

总的来说，安豆苗是一个基于手机的应用软件，它的强大功能突出体现在快速、无流量的分享和群分享上，相信随着技术的发展，其支持教学的功能会越来越强大、越来越突出。